# 资本的故事

# THE STORY OF CAPITAL

（第一季）

吴小杰　刘志军◎编著

经济日报出版社

# 目录 CONTENTS

# 序言 PREFACE

## 资本的咏叹

可以把资本拿来当故事讲吗？中央电视台最近试了试。如今，《资本的故事》第一季已经在中央电视台财经频道播完了，它产生的反响大大超出了预期。屏幕上，资本的大喜大悲，起伏跌宕，被一个个精彩的故事演绎得活灵活现，告诉人们资本的前世与今生。

中央电视台给它起了个名字叫“系列微纪录片”。因为《资本的故事》第一季20集，每集只有8分钟，名符其实的“微”。它靠短而精的故事来展现了厚实的内容。时间跨越整整400年，从股票的诞生一直到次贷危机，一路讲过来，讲一个个惊心动魄的大事件，也讲资本流动、变化的轨迹，当然更讲资本与经济发展之间剪不断、理还乱的复杂的关系。

在这个系列片里，人们看到了历史，更看到了生活。虽说总共只

有160分钟，却清楚明白地梳理了世界资本400多年的生平，讲了好看的故事，还拿出了不少经典的案例。在资本与生活的关联度如此之高的今天，这些故事显然成了镜子，反射当下的生活，比照出资本在市场经济中的作用和地位，也为中国经济的深化改革发展提供借鉴。这正是《资本的故事》所要达到的正预期和所想传递的正能量。

讲资本的故事能好看吗？这正是当初让编导们焦虑的问题。他们给《资本的故事》的定位是严肃，兼顾有趣。电视纪录片作为高端的主流文化产品形式，它的基本品格是真实、严肃，但严肃一定无趣吗？一般来说是的。但既然叫故事，就不允许它无趣，无趣必然把观众赶走。于是，编导们便把突破点放在故事的可读可看性上，让神秘的资本不会像教科书一样令人索然寡味。从播出效果看，努力没有白费。它的每一集都变成了独立成章的故事。编导们精心挑选了世界经济发展历史上举足轻重的事件和值得一说的人物，所有的史料都一一经过节目组主创人员精细考证筛查，以确保得当确凿。其中一些经过精挑细选的、具有代表性的图片资料，编导们都以搅动视觉的图画传递方式呈现给观众。

一部高品位、高品质的电视节目，必定要以传播知识为主要内

容，《资本的故事》也是努力这样做。资本生存于市场经济的每个角落，如今没有几个人可以离开资本而生存。然而，事实上并非每个人都能把资本说个清楚明白。那么，资本是什么？它从哪里来？它到哪里去？它在怎么成全我们？它又如何捉弄我们？它是可爱的还是可恨的？或者是二者兼而有之？这个系列片告诉我们，在触手可及的现实生活中，资本并不虚幻，它就是我们买东西的钱，就是生产车床飞机的机器，就是我们吃喝拉撒睡所用的商品，它每一天都活跃在你的身边，它是活生生的。然而当我们把它抽象出来加以描述的时候，比如我们来说一说资本的本质，却难免云里雾里。因为这个时候，它已经变成了一个抽象的概念，不再是具体的物，不在是我们手里的钱，而是体现在物上的生产关系，有时候它是金钱，有时候它可能是权利，有时候甚至可能就是一个捉摸不定的承诺。因此，《资本的故事》尽其所能，将资本的性质和特点转化为常识，以明白如话、通俗易懂的方式传递给渴求这方面知识的人们。

《资本的故事》讲述的已经是几百年世界经济的历史老故事了，目的却是要人们获得思索。这就使这部计划拍摄五季、100集的系列微纪录片有了诞生于今天的现实理由。当下中国的经济发展令人欣

喜，但是经济的增长方式和资本的市场运行却依然问题不少，困惑多多，这些或多或少都能在《资本的故事》中找到影子，发现一些微蛛丝马迹。可以认为，不管是防微杜渐，还是亡羊补牢，《资本的故事》着眼现实和引导未来的创作初衷在这部片子中得到了较好的实现。

与以往不同，系列微纪录片《资本的故事》以“播出季”的方式滚动制作和播出，是中央电视台专业财经短片的一次尝试。此后我们还会在2013年继续播出它的姊妹篇第二季、第三季、第四季、第五季。

此次，经济日报出版社将中央电视台《资本的故事》纪录片做成图书，让纪录片的文化价值以图书的方式延伸，每一季都以平面的方式再现一次精彩，应该说这是个不错的主意。因为图书自有它的优势，除了完整呈现纪录片的内容以外，还增加了资本市场最为重要的事件背景、相关案例，扩展了相关的经济学名词解释，链接了经济学专家的精辟评点，使故事更加丰满厚重，知识点触及更广，补充了因为纪录片时间较短无法表达的内容，若能与电视片捆绑起来阅读，在

保存纪录片精髓的同时会增添更多的血肉。

我们由衷地期待《资本的故事》纪录片以及和纪录片同步的这本书，能够以传播先进文化为先，成为观众和读者喜欢的既主题深刻、又轻松可看的优秀文化养料。

中国中央电视台台长

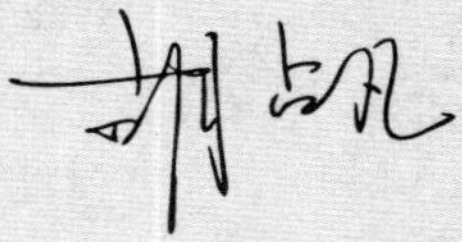

# 资本的力量

作为中国资本市场的一名老兵，我对资本的研究已经超过半个世纪，但什么是资本，什么是资本市场，什么是适合于中国的资本市场，这三个关键问题，我感到并没有研究透彻，或许永远也不会有最终的答案。资本的面貌是如此善变而多样，人们总能从中发现新的内涵。

几百年来，资本游走于全球各个角落，也改变了整个世界。在相当长的一段时期里，资本这个词在中国闻之色变，但这并不意味着它不存在，只要经济生活还在继续，资本的因子就会渗透到整个社会的肌体里，即便暂时潜伏，终究也会找到爆发的时机。

回想20多年前，我和一群志同道合者胼手砥足，在几近不毛之地上搭建中国资本市场的框架。那时我感觉自己并不是一名金融工作

者，而是一名建筑工人。开荒、修路、铺轨道，就是我们状态的真实写照。当时我们并没有多想未来，只是坚信走向改革开放的中国，不能缺少资本的助力和推动。那时候，如果有人告诉我，20年后中国将建成世界排名第二的资本市场，我相信我一定会在心中嘲笑他的轻狂，可惜那时并没有人和我说这话。人们往往低估资本的力量，无论建设性的还是破坏性的。

工业革命以来，全球经济的走向背后，都有资本力量的左右。其中，积极的力量被继承、积累、传播，促进了人类社会的极大进步。但另一方面，消极的力量也在暗流涌动，甚至造成过巨大的破坏。值得深思的是，从17世纪郁金香泡沫的破裂，到21世纪全球金融危机的失控，灾难如出一辙，人们似乎并未从中学到什么教训。是我们过于健忘，还是缺乏对历史本身的思考？

这本《资本的故事》，讲述的正是数百年来资本兴起之路上的重大事件，其中部分故事耳熟能详，也有很多故事新鲜有趣。在资讯高度发达的今天，了解一段历史并非难事，难在有不一样的领悟。和其他地区相比，中国资本市场更年轻，也更有活力，这20多年的历史，就是不断打破固有思维，不断创新的过程，也是不断追赶的过程。所

谓借石攻玉，无论成功还是失败，前人的经验对于后学者来说，都是宝贵的财富，有助于我们少走弯路。

回到原来的问题，资本是什么？什么是资本市场？什么是适合于中国的资本市场？这本轻松的书并没有直接给出答案，我想这也不是一本书可以解答清楚的问题，但其中的故事，对于我们思考这些问题会有帮助。

中国证监会首任主席

刘鸿儒

# NO.1 股票的力量

为了香料，

欧洲人跨越重洋，

这是一场追逐利润的博弈，

凭借股票，

荷兰人后来居上，

开启了他们称霸海洋的时代。

GUSHIYI:GUPIAODELILIANG

◆ 黑胡椒&黑胡椒树



胡椒，原产地亚洲，是很普通的一种香料。但在400多年前的欧洲，胡椒却和黄金一样贵重，可以用做新娘的嫁妆，可以代付租税，甚至可以替代金银付账。就是为了胡椒，欧洲人远涉重洋，打开了东西方贸易的大门，让17世纪成为辉煌的海洋时代。

◆ 1340年～1600年的航海图

哥伦布发现新大陆、麦哲伦环球航行，开辟了西欧人大航海时代。大海成为资本的重要载体，西欧人的海上掠夺性贸易，成为西欧资本原始积累的两大途径之一。而具有航海区位优势的荷兰成为西欧经济最为发达的地区。在亚洲与西欧的航线上，处处可见荷兰人的身影。

哥伦布生活的年代正是文艺复兴时期，崇尚自由的“人文主义”盛行。

与众不同、喜欢标新立异的哥伦布相信地圆说。他提出一项规划，从西欧海岸向西航行可以到达东方的香料之国——印度。胡椒、咖喱、肉桂皮为主的香料，是那时欧洲人最为推崇的调味品和食品保鲜剂。古罗马人就把胡椒当成与黄金白银一样的财富来储存。当时罗马人到印度主要通过红海经亚丁湾入印度洋或经波斯湾，出霍尔木兹海峡入印度洋，这两条航线称“海上香料之路”。一直到15世纪，这条商道几乎平安无事。

1453年土耳其人攻占东罗马帝国首都君士坦丁堡，东罗马帝国灭亡。土耳其人开始建立地跨欧、亚、非三洲的大帝国，横在东西方之间，“香料之路”被阻断。此时西欧资本主义萌芽已经生成，急需寻找通往印度的新航线。而遍布西欧的手工工场，已经积累了较高的帆船制造工艺，中国的指南针也传到了西欧。

于是，哥伦布出笼了绕过土耳其，往西走去东方的计划。

他四处游说，向葡萄牙、西班牙、英国、法国国王请求支助，均遭拒绝，并因计划太新奇，落得一个“江湖骗子”的名称。如此，他仍坚持游说了十几年。

1486年，趁着西班牙刚刚完成国家统一的热乎劲，他再次请求西班牙国王召见。

经过6年的磋商，哥伦布终于获得西班牙王室的出资。他们达成“伟大的协议”，哥伦布发现的新土地归西班牙所有，哥伦布做任何所发现陆地的总督，可获得发现财富的十分之一。这个协议可以成为资本主义最早的风险投资案例之一。

此次航海舰队有三艘帆船，90名船员，大量用于交换的百货商品。总投资约200万马拉维迪（当时能养100只羊的牧场值100马拉维迪）。

1492年8月3日，起航。10月12日发现美洲大陆。次年3月15日回到起航地。后来，哥伦布又三次航海到美洲。

哥伦布航海改变了世界经济地图，实现了世界财富的新分配。1521年～1600年，西班牙从美洲获取近27万公斤黄金、1860万公斤白银，约占当时世界已开采出的金银总量的83%。

当然，现在的事实证明哥伦布去的不是东方的印度，而现在这条路已是石油之路。

这是一张股票，面值150荷兰盾，发行日期1606年9月9日，发行地点荷兰。这张股票距今400多年之久，是迄今为止所发现的世界上最古老的一张股票。股票的发行人荷兰东印度公司。这张股票和这家公司的名字，是和当时的香料贸易密切相关的。

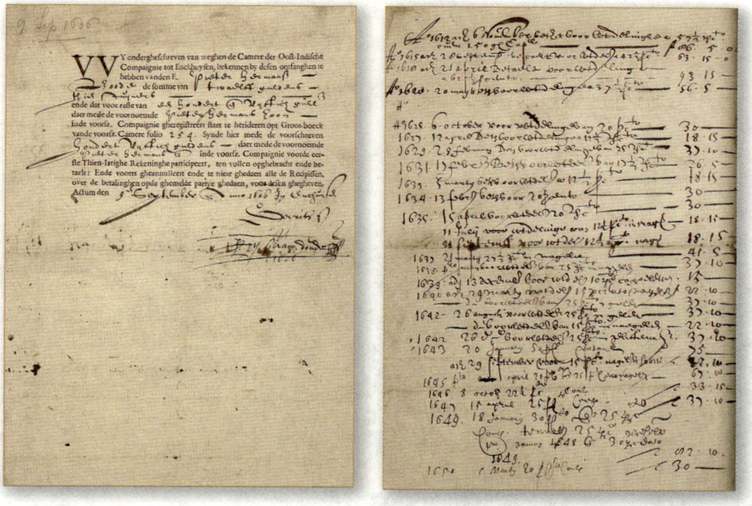

◆ 最早的股票

票面信息：这位阿姆斯特丹市民几年以后，也就是1611年，他能够得到的回报是，255荷兰盾。

1962年，荷兰北部小城霍伦的西弗里斯档案馆宣布，一名大学生在此发现一张古老凭证，经鉴定，它虽然不是历史文献上记载最早的，但却是迄今为止发现的世界上最古老的股票。

这张股票凭证是荷兰乌得勒支大学一名历史系学生为写论文在该档案馆查找资料时无意中发现的。人们起初以为这仅仅是一张古老的借据而已，但经过鉴定后发现，这是荷兰东印度公司1606年9月9日在霍伦发行的一张股票，股票持有人为彼得·哈尔门松，票面价值为150荷兰盾。

股票代表的是权利，还有回报。这张股票凭证还不是严格意义上的股票，但记载了荷兰东印度公司的分红信息，可以看出东印度公司在发行这张股票几年内没有分红，之后业绩开始转好。

根据文献的记载，1602年，荷兰东印度公司在阿姆斯特丹印制了公司股票，是世界上最早发行股票的公司。而这张股票是时至今日发现的第四张该公司发行的股票凭证，比之前认定的世界最早股票早了3个星期。

◆ 早期公司，规模很小，阿姆斯特丹的比较大

其中11家公司的名称：1595年远地公司、1598年费耳公司、1598年米德尔堡公司、1598年麦哲伦公司、1599年新布拉班特公司、1599年老公司（阿姆斯特丹第四次远征第一舰队）、1600年新布拉班特公司、1600年老公司（阿姆斯特丹第四次远征的第二舰队）、1600年联合泽兰公司、1601年联合联合阿姆斯特丹公司、1601年联合泽兰公司。

1597年8月的一天，荷兰泽兰省港口人潮涌动，商人们更是欢呼雀跃，荷兰人第一次远航亚洲的船队，历尽千辛万苦，回到荷兰。虽然返航的船队遍体鳞伤，  三分之二的水手葬身大海，但是他们从亚洲带回的香料，让商人们无比兴奋。因为，这一次远航的成功，打通了荷兰与亚洲之间的香料贸易之路，而在当时，香料贸易的利润高达10倍以上。此后荷兰各大城市纷纷组建了远洋航运公司；到1602年，已经有15家早期公司，累计派出了46艘商船远航亚洲，荷兰与亚洲之间的香料贸易如火如荼。

◆ 早期的荷兰港口

在800年以前，这里是一片没有人烟，只有海潮出没的湿地和湖泊。从12世纪到14世纪这段时间，才逐步形成了人类可以居住的土地。直到今天，荷兰仍有三分之一的国土位于海平面以下。

荷兰面积不大，当时荷兰处于西班牙统治下的尼德兰地区，“尼德兰”是洼地之意。

16世纪，由于当时统治荷兰的西班牙王室开始推行新的税收政策，以及建立迫害新教徒的西班牙宗教裁判所，荷兰人开始反抗西班牙国王腓力二世和他的继任者。新兴资本孕育出了一大批新教徒，再加上加尔文教徒们开始反抗，这场起义不断升级，并最终促成了荷兰的独立。

尼德兰北部各省经过10年革命，推翻了西班牙统治，成立联省共和国，以荷兰省经济最强，称为荷兰共和国。而尼德兰南部各省演变为现今的比利时、卢森堡和法国一部分。

荷兰建立共和国后，工商业和海上贸易发展迅速。

17世纪的时候，荷兰继西班牙之后成为世界上最大的殖民国家。当时的荷兰俨然是整个世界的经济中心和最富庶的地区。荷兰将自己的势力几乎延伸到地球的每一个角落。

被称为“飞船”的荷兰货船，船体坚固、航行速度快，使荷兰在欧洲大型货物运输贸易中成为了海上贸易强国。其商船从阿姆斯特丹开往波罗的海、北美洲和非洲，以及今天的印度尼西亚、印度、斯里兰卡和巴西，由此构建了世界贸易网络的基础。

马克思这样评价：1648年的荷兰，已达到了商业繁荣的顶点。他称荷兰为当时的“海上第一强国”。

◆ 约翰·奥尔登巴内费尔特

奥尔登巴内费尔特大议长，是荷兰共和国的第一任执政官，被称为现代荷兰之父。荷兰东印度公司就是在他的主导下创立的。

1547年9月，约翰出生于尼德兰的阿默斯福特。29岁时，他成为了鹿特丹的一名公务员，开始步入政坛。其后，由于出色的政治能力及演讲天赋，他在仕途上平步青云，成为了荷兰的辩护士，他积极促成了乌得勒支联盟的建立并获得了荷兰独立之父威廉的首肯。

1586年3月16日，约翰成为了“荷兰土地拥护者”的议长。这个部门名义上是荷兰众多行政部门之一，实际上是荷兰的权力中心，约翰甚至一度总揽了荷兰的大小事务。虽然他只是七个拥有主权的省中一个省的公仆，但他执行了一些同英、法两国的外交使命，实际上成了联盟的外交部长。

1619年，约翰在海牙被公开斩首，成为政治斗争的牺牲品。死时已经是72岁高龄。

这时，荷兰有一位律师出身的政治家，名叫约翰·奥尔登巴内费尔特，他发现，随着香料进口量的增长，公司间恶性竞争、竞相杀价，必然导致价格下跌。而远洋贸易的风险巨大，船毁人亡的海难随时都在发生，香料的成本居高不下。此外，这些公司的规模都不大，很难抵抗远洋贸易的风险，更难和英国、西班牙等国的大船队竞争。长此以往，荷兰商人乃至荷兰国家的利益都将面临挑战。

约翰由此想到，为什么不能成立一家国家级联合公司，来经营亚洲贸易呢。这样，不仅可避免公司之间的恶性竞争，还将保障荷兰的国家利益。

约翰向各家公司提出了他的建议，却立刻遭到了激烈的反对。反对的理由是，阿姆斯特丹人在香料贸易中占绝对优势，组建一家联合公司，将肯定是阿姆斯特丹人说了算，其他公司的利益将难以保障。

阿姆斯特丹位于艾瑟尔湖西南岸，是荷兰最大的城市和第二大港口，被称为“北方威尼斯”。阿姆斯特尔河从市内流过，从而使该城市成为欧洲内陆水运的交汇点。

16世纪末，阿姆斯特丹已成为重要的港口和贸易都市。17世纪，一度成为世界金融、贸易、文化中心，是世界上最大的、最繁荣的城市之一。

17世纪被认为是阿姆斯特丹的黄金年代。荷兰的贸易航线，构建了世界贸易网络的基础。而阿姆斯特丹则成为了欧洲主要的货物集散中心，欧洲航运和世界融资的中心。荷兰东印度公司与荷兰西印度公司发行的大量股票为阿姆斯特丹商人所拥有。世界上第一家证券交易市场也在此诞生。

1806年，荷兰将首都迁到阿姆斯特丹。

## 特许公司

是投资人或股东以贸易、探险和殖民为目的建立的协会，是现代公司的前身。

16世纪至17世纪，英、法、荷兰等国为掠夺殖民地而由政府特许经营的公司。领有皇家发给的特许状，拥有皇家授予的某些特殊权力和经营对殖民地贸易的独占权。

这些特许公司几乎都是由欧洲的投资人建立的，他们探索非洲、印度、加勒比及北美并从中获利。特许公司多由签署该公司的章程的国家赞助，这样使这些国家可以超出国库资源的限制利用私人资源来探险和贸易。

1602年的荷兰东印度公司正是特许公司。主要的还有如17世纪建立的英国东印度公司、法国东印度公司，以及后来英国的哈得孙湾公司。

从17世纪末到19世纪末，各特许公司的特许状先后被取消。

## 股份公司

指公司资本以股份所组成的公司，股东以其认购的股份为限对公司承担责任的企业法人。由于所有股份公司均须是负担有限责任的有限公司（但并非所有有限公司都是股份公司），所以一般合称“股份有限公司”。

股份有限公司的资本划分为等额股份，由股东按股认缴，取得股票。股东有权按所持股票取得股息；对公司所负责任以其股份金额为限。股东大会是公司的最高权力机构，由大会选出董事会领导公司的一切活动。

股份公司产生于17世纪初期的欧洲，19世纪后半期广泛流行于许多国家，到目前，股份公司在资本主义国家的经济中占据统治地位。

约翰并没有放弃，他继续游说各方。最后是阿姆斯特丹人自己提出了一个方案，根据这个方案，如果联合公司拥有20到25年的授权可以垄断经营荷兰国家的远洋贸易，那么阿姆斯特丹人就自愿放弃目前的垄断地位，每一个荷兰公民，都可以自愿选择成为联合公司的投资人或者股东，大家共同分享联合公司经营远洋贸易获得的利润。这样一来，公司股权分散在居民手中，远洋贸易获得了大量的资金，蛋糕被做大，利润可分享，这不仅避免了恶性竞争，而且分散了经营风险。这个方案最终被多数人赞成。

由于约翰的斡旋，1602年3月20日，荷兰议会批准并颁发了《公司成立特许状》，东印度公司正式成立。

◆ 荷兰东印度公司

荷兰东印度公司是世界上第一个股份制公司，它在阿姆斯特丹证券交易市场率先挂牌而成为历史上首家上市公司。荷兰东印度公司是17至19世纪荷兰殖民者对印度尼西亚进行经济掠夺和殖民扩张的机构，后来它的势力扩张到了整个东亚地区，并与英国的海外利益发生了冲突。

荷兰东印度公司似乎有点微缩联省共和国的意味，它由荷兰6个城市联合组建，首期发行650万荷兰盾，当时一位教师的年薪约280盾，相当于普通荷兰人2年的收入。

为了融资，他们发行股票，公司承诺对这些股票分红。

通过向全社会融资的方式，东印度公司成功地将分散的财富变成了自己对外扩张的资本。当时，西欧经济中心阿姆斯特丹市民认购57%份额，成为控股股东。甚至，阿姆斯特丹市市长的佣人都去购买股票，也成了东印度公司的股东之一。东印度公司股票随后在阿姆斯特丹交易所上市。东印度公司董事会由70人组成，其中17人执行事务，号称“十七绅士”，阿姆斯特丹占有8席。

荷兰东印度公司一经成立就获得荷兰国家议会授予的东起好望角西至麦哲伦海峡贸易垄断权，它还可以发行货币、招募雇佣兵组建军队，与其他国家缔结条约、对占领地实行殖民统治。

随着股票的发行，去往远东的航运公司的资本不再依赖有钱人和贵族筹集，而是转向普通人，民间的每一分富余的金钱，都成为资本。东印度公司，迅速的崛起为当时世界上最赚钱的公司。荷兰人在随后的40年中霸占着世界上40%的贸易额，被称为“海上马车夫”。

在公司成立67年后，东印度公司成为世界上最富有的贸易公司。拥有员工约25000人，船员约12000人，同时公司还有1万多人的雇佣兵。我国民族英雄郑成功收复台湾战场上的敌人就是荷兰东印度公司的雇佣兵。

在东印度公司成立的过程中，资本体现出它最核心的特性，一是防范风险，由于特许经营权的保障，东印度公司才能成立；一是配置资源，经过资本的整合，荷兰发展成为海上贸易的霸主。东印度公司的股票，是世界上第一支真正意义上的可流通股票，贸易和股票交易，创造了阿姆斯特丹繁荣的序曲。

17世纪末，英国率先进行工业革命，欧洲经济中心开始向英国转移，加上连续4次英荷战争，荷兰海上霸权丧失，欧洲与亚洲海上贸易量大幅减少，荷兰东印度公司经营面临困难。1799年12月31日，荷兰东印度公司解散。一个曾经震撼世界的商业帝国轰然倒下。现在，它旧址上崛起的是阿姆斯特丹大学。

马克思说，股份公司是人类最伟大的发明。





### 东印度公司

在17、18世纪的西欧并非一家具体公司的名称，而是专门从事海上殖民掠夺贸易机构的称谓。不仅荷兰有，英国、法国、丹麦、瑞典都有冠以国家名字的东印度公司。

1492年，哥伦布航行到达今天中美洲的西印度群岛，错当作了印度，把当地土人当作印度人，称作为“印第安人”，此后便以讹传讹。等到后来人们发现错了，却依然将错就错，把真正的印度，甚至印度尼西亚等一些东南亚国家叫做东方的印度，即“东印度”，把美洲加勒比海的岛屿叫做“西印度”，东印度公司的名称就由此而来的。

东印度公司是从自己政府那里获得贸易独占权而且拥有军队（包括舰队），在殖民地建立政府机构，对殖民地进行残暴的政治统治、经济掠夺以至于成为贩卖奴隶、毒品的军政经合一的殖民机构。东印度公司在它们产生和存在的16世纪末到19世纪上半期这段时间，对各国资本主义原始积累起了重要作用。

在欧洲的历史上一共有过以下被简称为东印度公司的企业，它们分别是:

英国东印度公司（不列颠东印度公司），1600年成立

荷兰东印度公司，1602年成立

丹麦东印度公司，1616年成立

葡萄牙东印度公司，1628年成立

法国东印度公司，1664年成立

瑞典东印度公司，1731年成立

根据议会的决定，公司拥有21年的远洋贸易垄断经营权。东印度公司成立后，开始向居民发售股票，首期筹集650万荷兰盾。其中，阿姆斯特丹的居民认购了57%，成为控股股东。就这样，世界上第一个股份公司诞生了。东印度公司规定，首次分红是在10年之后，而等不及分红的股东们要转让手中的股票，股票交易积少成多，阿姆斯特丹就形成了世界上第一个股票交易市场。凭借股份公司的优势，东印度公司迅速崛起，成为当时全球最赚钱的公司。纵横海上40年，荷兰人逐渐控制了全球贸易的40%，被称为“海上马车夫”。

◆ 荷兰早期股票交易市场

1609年，世界历史上第一个股票交易市场诞生在荷兰阿姆斯特丹（在教堂外面）。

股份公司的诞生，让民间资金汇聚到公司，成为创造财富的巨大力量，同时又将风险分割为分享财富的成本，让人们自愿承担。从此，资本之舟扬帆远航，驶入了风险财富的海洋。

**大师的话**

想象力是人类能力的试金石，人类正是依靠想象力征服世界。

——亚历克斯·奥斯本

# NO.2 泡沫的诱惑

郁金香绚丽的魔花，

狂热的资本把它从贵族的奢侈品，

变成了大众的投机品，

鲜花总要凋谢，

当人们从泡沫中醒来，

品尝到的却是一贫如洗的苦果。

GUSHIER：PAOMODEYOUHUO

◆《郁金香狂热》

《郁金香狂热》是一本讲述荷兰郁金香泡沫的书，在这本书里，记载了17世纪发生在荷兰的一场轰动全城的拍卖会。

1637年，荷兰北部的阿尔克马尔城一个酒吧老板去世了，他的7个孩子被教会的孤儿院收养，孩子们是不幸的，但他们的父亲留下了一笔财产，99株郁金香。这在当时的荷兰是一笔巨大的财富。为了孩子们的生计，孤儿院决定拍卖这些郁金香。消息一出全城轰动。

◆ 郁金香

土耳其人给郁金香取名Tuberld，意为“穆斯林头巾”，寓意“像包着头巾的伊斯兰教少女一样美丽”，其生物学名字Tulipa即来源于此。

1593年，知名植物学家克卢修斯受聘担任荷兰莱顿大学植物园的主管，把第一支郁金香引入荷兰。

在16世纪末，种植郁金香在荷兰成为时尚。而稀有的变种郁金香经过栽培成功后，更是成为了奢侈品和地位的象征。

郁金香在欧洲备受皇室贵族追捧，1593年，第一枝郁金香被引入荷兰。立刻成为时尚、财富、身份和地位的象征，当时的荷兰人被称为“海上马车夫”。他们拥有庞大的船队，穿梭于各大洋之间，一度控制了东西方的贸易，垄断了世界贸易的40%，他们还组建了第一家股份公司，最早的股票交易所。伴随着航运，贸易和股票交易，荷兰人手中的财富急剧增长。

◆ 花之车，疯狂郁金香的寓言

1640年，亨德利克·格瑞兹的作品。花之神和三个在喝酒的负责计量的男人，还有两个女人在车上，哈勒姆的织布工人把工具扔掉跟在后面，车正往背景中的大海驶去。

有了钱，就要追求地位，于是人们开始追逐可炫耀身份和地位的郁金香。

郁金香供不应求，所以价格不断上涨，早期贩卖郁金香的商人们赚到了钱，更多的商人们蜂拥而入。最后，就连普通的市民也被卷入了郁金香的投机生意。

这时的郁金香已不仅是身份、地位和时尚的象征，它变成了人们实现财富的工具和手段，美丽的郁金香从奢侈的消费品，变成了疯狂的投机品。郁金香的交易风靡荷兰。几乎所有的城市都设立了郁金香的交易市场。交易市场的繁荣足以让人们相信财富将汇聚荷兰。全欧洲的资金从四面八方滚滚流入荷兰，也加入到郁金香的投机交易之中。

1634年，荷兰对郁金香的需求达到了疯狂的地步，几乎所有的国民都在种植，而一般工业生产却被忽视掉了。

郁金香的价格持续飙升，1635年的时候，10朵郁金香的价格是1万美元。

如此昂贵的价格，带来的是膨胀的利润，郁金香在期货市场上是供不应求，人们期望其价格能够无限上涨而获得高额的利润。这个时候，欧洲流入的钱都到荷兰，而荷兰也成为了世界金融中心，资金大流动便是从这开始的。

◆ 人们种植和加工郁金香的场景

郁金香从下种到开花要经历7年的时间。投机的商人们急功近利，他们把还没有开花的球茎，也拿出来交易，就这样郁金香球茎的期货市场出现了。

◆ 郁金香球茎交易

人们用称量金子的小称来计算郁金香球茎

## 期货市场交易合同

期货里的远期交易的合同，期货市场雏形。

期货交易始于中世纪，先在实物交易中使用，现已推行到股票、外汇、债券等交易，有转移风险和价格发现等功能。

期货交易是按双方商定的条件在将来某个日期交割一定标准数量和质量的商品的交易方式。有如下的特点：交易在期货所内通过经纪人公开喊价进行；交易对象为标准化的期货合约；绝大部分期货合约不进行实物交割而是通过相反的交易对冲了结；交易双方交付的保证金比例很低并由交易所提供履约担保。

在那个为郁金香疯狂的时代，人们心目中只有郁金香才是真正的财富。

郁金香的交易风靡荷兰，阿尔克马尔城就是当时荷兰最大的郁金香交易市场，就是在这种疯狂的气氛中，99株郁金香的拍卖会开始了。

拍卖会这天人们纷纷涌来，99株郁金香经过一轮又一轮的激烈竞价，最后以9万荷兰盾成交，9万荷兰盾在当时的荷兰，是一个普通家庭300年的收入之和。阿尔克马尔城这场拍卖会后来被确认为是“郁金香泡沫的顶点”。金融史上最著名的投机泡沫出现了。

这枝郁金香名为奥古斯都，当时的价格可以换回阿姆斯特丹的一所顶级豪宅。

◆ 奥古斯都

要想得到它，需要这些物品：

货币单位：弗罗林（AWG）

| | |
|---|---|
| 2拉斯特小麦 | 448 |
| 4拉斯特黑麦 | 558 |
| 4头肥壮的家牛 | 480 |
| 8头肥猪 | 240 |
| 12头肥羊 | 120 |
| 2大桶果酒 | 70 |
| 4大桶啤酒 | 32 |
| 2大桶黄油 | 192 |
| 1000lbs的奶酪 | 120 |
| 1整套床具 | 100 |
| 1整套衣服 | 80 |
| 1套银酒杯 | 60 |
| 总　计 | 2500 |

当时荷兰虽然是经济大国，也是引发热潮和泡沫化的旗手，但是对于处于下等阶层的民众来说，却依然过着贫穷的生活。

当时荷兰北部七州因为对抗西班牙胜利，在17世纪初取得了实质上的独立，并成为了海上帝国老大。又从葡萄牙手中夺取了香料贸易生意，再加上中欧身处三十年战争的阴霾下，让商业活动都集中在了阿姆斯特丹，同时荷属东印度公司经营巴达维亚也取得了相当可观的利益。在这样的时代背景下，使得荷兰有着当时最高的收入水平，连海外的美术品也都集中在荷兰。但是，荷兰的物价却很高，一个工匠的年收入推算约250荷兰盾，教师一年约280荷兰盾，这个平均数只够让一家四口简单糊口。

但是，郁金香交易在短时间内让人一掷千金的传言在工匠和农民之间广为流传，深深吸引了他们。他们没有资金，只能把家里面所有的财物包括家畜、生活工具等都拿去变卖换钱或者抵用交易。

这幅油画绘制的是一个富商之女的出嫁。当时最奢华的婚礼就是新娘的陪嫁是一枝郁金香。

就在拍卖会的第二天，有一条消息开始在市场中流传：有一池塘白色的郁金香球茎报价1250荷兰盾，但是没有买主。人们忽然意识到自己手中的郁金香或者球茎合同也可能再也没有下一个买家，恐慌情绪开始在市场中流传，每一个人，无论是种花的卖花的还是投机的商人们，都急于抛售自己手中的郁金香。

◆ 富商之女的陪嫁

短短六天时间市场全线崩溃，这就是当时郁金香市场的一张价格走势图，这样一种断崖式的价格崩落，在后来的资产交易市场中一再出现，我们可以用这张走势图去描述1929年到1933年的大萧条，1997年到1998年的亚洲金融危机，2000年到2001年的互联网泡沫破灭，和2007年到2008年的中国A股市场。郁金香泡沫的破灭让荷兰人付出了惨重的代价。

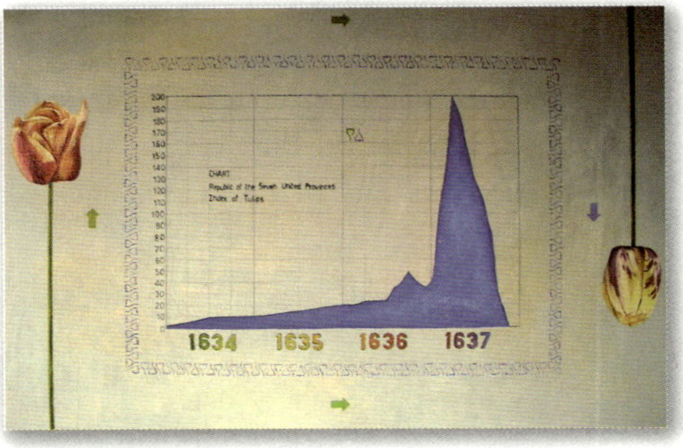


◆ 价格走势图

荷兰郁金香泡沫、法国密西西比泡沫和英国南海泡沫是资本史早期的三大泡沫，虽然成因不同，但是体现一样，甚至后来的印度和日本也是如此。

泡沫经济：虚拟资本过度增长与相关交易持续膨胀日益脱离实物资本的增长和实业部门的成长，金融证券、地产价格飞涨，投机交易极为活跃的经济现象。泡沫经济寓于金融投机，造成社会经济的虚假繁荣，最后必定泡沫破灭，导致社会震荡，甚至经济崩溃。

泡沫是一种经济失衡现象，可以定义为某种价格水平相对于经济基础条件决定的理论价格(一般均衡稳定稳态状态价格)的非平稳性向上偏移，这种偏移的数学期望可以作为泡沫的度量。导致价格泡沫的原因是复杂的，在实际经济活动中，与预期相关联的过度投机行为、幼稚投机者交易行为、规范失灵，诈骗行为和道德风险等都可能成为导致泡沫现象的原因。

“泡沫”一词是人们对经济经过一段时间的迅速繁荣，然后又急剧下滑，最后像肥皂泡一样破灭这一兴衰过程的生动描绘。

前沿理论：美国经济学家C. Kindleberger认为“泡沫”是一个

由资产价格从持续上涨到价格暴跌的过程，而且强调“预期”在这个过程中特别是价格逆转过程中的重要作用。他说：“泡沫状态这个名词，随便一点说，就是一种或一系列资产在一个连续过程中陡然涨价，开始的价格上升会使人们产生还要涨价的预期，于是又吸引了新的买主——这些人一般只想通过买卖牟取利润，随着涨价，常常是预期的逆转，接着就是价格暴跌，最后以金融危机告终或者以繁荣的消退告终而不发生危机。”

斯蒂格里茨持相似的观点，他认为，当投资者预期未来某种资产能以高于他们期望的价格出售时，这种资产的现实价格将上升，从而出现泡沫。

日本学者则普遍认为，泡沫是资产价格相对于经济基础条件背离的膨胀过程。其特点为：一是将泡沫同经济基本要素联系起来，强调泡沫是资产价格相对经济基础的偏离；二是泡沫的变化经历了一个资产价格由上涨到暴跌的过程。

很多人倾家荡产，荷兰的经济经过了十年之后才逐渐恢复。郁金香泡沫就像一个寓言故事，当投机资本碰到人性的贪婪，它会让人一夕暴富，也会让财富瞬间消失。郁金香泡沫的故事向人们展示了人性的贪婪和恐惧。这是投资市场，非理性涨跌的根源，任何物品，一旦成为交易性的资产和货币化的财富，就会在群体的冲动中，不断转化为资产泡沫的升腾与破灭，周而复始。

◆ 郁金香泡沫中破产农民

郁金香泡沫经济的瓦解，让大多数人倾家荡产，除了少数人在最初的投机中获利外，让更多的人一无所有。富人沦为了穷人，穷人沦为了赤贫。

荷兰经济遭受了重创，经济陷入了萧条。此后不久荷兰就走向了没落，优势被英国取代，失去了海上霸权，再也回不去海上马车夫的辉煌时代，再也无法重现昔日的辉煌。

虽然泡沫灭了，然而植物爱好者依然继续追求高价的郁金香，种植技术还是最先进，花卉经济保留了下来，郁金香成了荷兰的国花。自然，荷兰还是郁金香最大的种植和交易市场。

郁金香泡沫是自发形成的泡沫，没有欺骗的产品的泡沫，是物价贵的自然规律，是经济规律的使然。事件之后荷兰人一度厌恶郁金香，这狂潮也被视为一个经济教训传承了下去。

**大师的话**

人的欲望要的越多，就是把背后的深渊挖的更深。

——巴尔扎克

# NO.3 南海骗局

*一家自称前景光明的公司，*
*提出了国债换股票的方案，*
*这个貌似多赢的天才计划，*
*背后却是一场精心设计的骗局。*

GUSHISAN:NANHAIPIANJU

◆ **伦敦塔**

伦敦塔坐落于伦敦市金融区的东部边缘，紧靠泰晤士河与塔桥。在伦敦塔于泰晤士河之间是塔埠，游人可以自由走在这里的人行道上欣赏河、桥和塔的景色。河的对岸还有贝尔法斯特号战舰和大伦敦市政厅。

伦敦塔的官方名称是“女王陛下的宫殿与城堡，伦敦塔”（Her Majesty's Palace and Fortress, The Tower of London）。伦敦塔作为宫殿居住的最后一位统治者是詹姆士一世。

伦敦塔曾经除了作为堡垒、军械库、宫殿、天文台、避难所等用途外，它还有一个用途是“sent to the Tower”，意思是“入狱”，即作为监狱，特别关押上层阶级的囚犯。英国历史上的伊丽莎白一世曾在此入狱一段时间，最后一次是在第二次世界大战期间，关押鲁道夫·赫斯。

当然，现在的伦敦塔主要是作为一个旅游景点。除了建筑物本身，比如伦敦塔的主塔——整体漆成白色的白塔，还有不列颠王冠宝石，一些精美的皇家军械库收藏，一段残存的罗马人的要塞城墙等，这些都深深地吸引着人们。

伦敦塔，矗立在泰晤士河北岸，现在是伦敦一个著名的景点，但在300多年前，这里却是英国著名的监狱，关押的犯人多为贵族和高官，其中包括曾任英国财政大臣的约翰·艾思拉比，他入狱的原因是英国历史上最著名的股市骗局。

一些大国采用颁发嗣后再行赎回的凭证来预计税收的办法，由来已久并已经成为习惯。因为西班牙继位战争的缘故，英、法两国的财政需要都提升到极度异常的程度。英格兰银行的创立解决了英国的财政需要，但是法国政府却已经是债台高筑了。

英国政府的债务：自1701年开始的十多年间，英国和西班牙便一直进行着争夺海上霸权的战争，为了筹措战争经费，英国政府发行了超过5000万英镑的国债，到了1720年，巨额的债务利息、严重财政赤字已经让英国政府不堪重负。

英国为与法国争夺欧洲霸主亦发行了巨额国债，为了支持英国政府债信的恢复，南海公司成立之初认购了总价值近1000万英镑的政府债券。

重商主义盛行的年代，政府与私人企业互为对方提供逐利的机会和便利，这种在后世绝对被任何市场经济国家裁判的现象，在当时却习以为常。例如，政府债务由某个为专此目的而组建的公司所承担，即政府给该公司以特许权，允许其垄断某个商业领域而获取巨额利润，当股东买进该公司的全部股票后，政府便可从其手里贷出大笔现金用于偿还外债本息。英国政府在1713年以前的战争中所欠下的许多债务，就是用这种办法由1694年创建的英格兰银行所承担的。而1711年成立的南海公司也是这样一家公司，具有垄断南海贸易的特许权。

西班牙王位争夺战：西班牙王位继承战争是因为西班牙哈布斯堡王朝绝嗣，法国的波旁王室与奥地利的哈布斯堡王室为争夺西班牙王位，而引发的一场欧洲大部份国家参与的大战。1700年，英、法、荷、奥等国围绕西班牙王位继承问题展开了激烈的斗争。然而这只是表面现象，深层的或最主要的则是诸列强借王位继承问题进行了一场空前规模的殖民地大掠夺，并且主要斗争矛头指向的是法国。

1713年，以法国和西班牙为一方，以英国、荷兰、勃兰登堡、萨伏依和葡萄牙为另一方，签订了《乌得勒支和约》。1714年，奥法又签订《拉什塔特和约》，西班牙王位继承战争结束。

西班牙王位继承权争夺战，结束了法国在西欧的霸权地位。法国不再称霸欧洲。根据和约，法国将早先侵占的西班牙在北美的部分领地划归英国，将阿卡迪亚殖民地割让给英国，英国将它改名为新斯科舍。法国承认了英国对纽芬兰和哈德孙湾周围地区的权利的要求。法国还割让一些地方给奥地利和荷兰，撤回驻洛林的军队。

英国加强了在海上和殖民地的势力。《乌得勒支和约》签订后不久，英国政府即面临着如何应付大量政府债务的问题。1720年，南海公司向政府表示愿意支付约760万英镑，以换取管理国债之特权。当时，英格兰银行也向英国政府递交了相同的建议。为了赢得竞争，南海公司许诺向国会的主要议员和皇室支付一笔巨额贿款，使得把超过3100万英镑的国债管理特权判给该公司的法案在国会上顺利获得通过，南海公司开始发行新股。

1719年12月，英国政府收到了一份题为“南海方案”的提案，这是一份用股票换国债的方案，根据这个方案，“南海公司”将用自己的股票置换价值3160万英镑的国债，并承诺将国债利率从7%降到4%，再额外支付给英国政府760万英镑。这个方案的提案人正是南海公司本身。

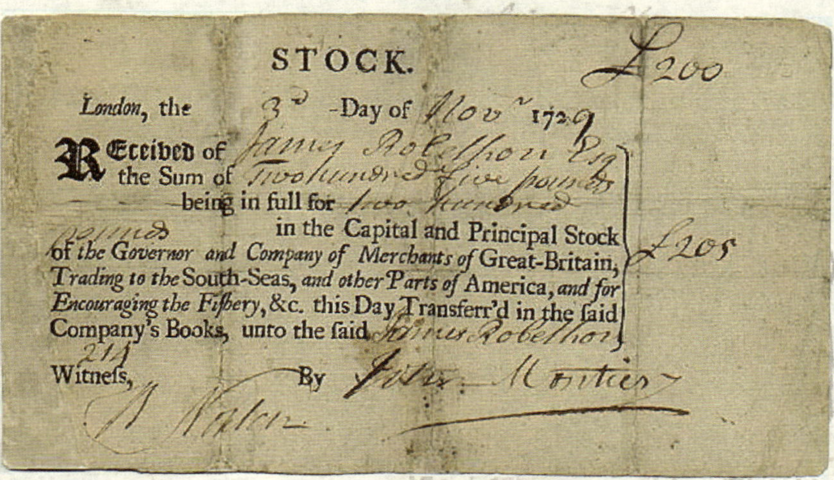

STOCK. £200

London, the 3d Day of Nov 1729

Received of James Robertson Esq the Sum of Two hundred five pounds being in full for two hundred pounds in the Capital and Principal Stock of the Governor and Company of Merchants of Great-Britain, Trading to the South-Seas, and other Parts of America, and for Encouraging the Fishery, &c. this Day Transferr'd in the said Company's Books, unto the said James Robertson £205

211

Witness, By John Mortier

◆ 南海公司股票

此时，英国政府正在为支付高额的国债利息发愁，财政吃紧，经济一片萧条，所以，南海方案立刻得到了这个人——财政大臣约翰·艾思拉比的支持。

◆ 约翰·艾思拉比

南海公司成立于 1711年，英国国王乔治一世曾担任公司的董事会主席，该公司拥有英国在南美洲等地区的贸易专营权，而南美在当时被认为商机无限。南海公司曾经在奴隶贸易中赚过大钱，现在他们声称，在南美洲又发现了储量巨大的金矿。

◆ 南海公司大楼

南海公司在1711年西班牙王位继承战争仍然进行时由英国的贵族创立。它表面上是一间专营英国与南美洲等地贸易的特许公司，但实际上像英格兰银行一样，是一所协助政府融资的私人机构，分担政府因战争而欠下的债务。

南海指的就是现在的拉丁美洲、大西洋沿岸地区，即秘鲁和墨西哥湾地区。南海公司获得南海贸易垄断权，并永久享有酒、醋、印度货、缫丝、烟草免税权，是一家特许贸易专营公司。

南海公司的主要负责人哈利·耶尔假造了两个概念，一个是南海蕴藏数不尽的金银；二是西班牙承诺放弃在南海四个港口的征税权。事实上这两件事根本不存在。

于是，靠着接手王室债务概念和假造的两个概念，光芒四射的南海公司上市了。

## 特许权

就字面意思来讲就是因特别许可而获得的权利。特许权是公司存在的主要形式，例如东印度公司，特许公司特许经营是普遍方式。它们都有殖民地，这是受到法国密西西比（为推货币政策）的启发，用国债换股票，股票不付息。

## 特许经营

亦称“特许专营”，经营的方式之一。拥有先进的经营管理方法或经验、名牌产品、特色服务或专利等优异条件的企业，用契约形式特许其他独立的企业使用自己的经营资源并收取使用费的方式。

特许经营指特许权人与被特许人之间达成的一种合同关系。在这个关系中，特许权人以合同约定的形式，提供或有义务在诸如技术秘密和训练雇员方面维持其对专营权业务活动的利益；受许人的经营是在由特许人所有的控制下的一个共同标记、经营模式和（或）过程之下进行的，并且受许人从自己的资源中对其业务进行投资。

几乎所有的人都认为，南海公司的盈利是不容置疑的，因此，南海方案看起来是一个完美的三赢方案，英国政府可借此化解财政危机，南海公司可获得更多的资金去开发金矿，而国债持有人用他们的国债置换南海公司的股票，将可分享公司的未来成长。

在1718年，由于西班牙和英国的战争切断了南美的贸易通道，南海公司已经无利可图，但他们依然用过去的故事渲染未来的盈利前景。这是一个精心设计的骗局，为了让南海方案能够在议会通过，南海公司还用股票行贿，让许多高官和议员变成了南海公司的股东，财政大臣艾斯拉比就是其中之一。

1720年3月21日，英国议会以压倒多数通过了南海方案，在微弱

◆ 罗伯特·沃波尔

英国辉格党政治家，公认的第一位英国首相。其人性格坚韧，胸怀宽广，他是英国近现代政治体制的主要奠基人。1721年，他因为南海泡沫事件而取得实权，此后主导政局约二十年之久。后来因为对西班牙开战而失势，直到1742年，因失去议会的信任而辞职退仕，成为历史上最长任期的英国首相。

的反对声中，有一位议员名叫罗伯特·沃波尔，他大声疾呼："南海计划以获利假象为诱饵，使人们为追求虚幻的财富而走向破产！"然而，南海公司股价的飞涨点燃了人们的欲望，淹没了反对的声音。

南海公司的股票价格，在方案提出时还不到120英镑，在3月21日方案被通过时，股价上涨已超过了300英镑，6月股价达到1050英镑。

一时间，南海公司的股票一票难求，让政客忘记了政治，医生丢弃了病人，店主关闭了商铺，牧师离开了圣坛，就连时任皇家铸币局局长的大科学家牛顿也成了南海公司的股东！为了满足

◆ 泡沫中的市民

公众的换股需求，南海公司分三次共发行了8万多份新股，股东们大发横财。

南海公司的股票暴利引发了英国的股份公司热，其中许多公司模仿南海公司的手法，编概念，发股票。这些公司的股价，追随南海公司一同上涨，总计吸纳了3亿多英镑的公众资金。

英国的股份公司融资热，催生了许多皮包公司，这侵占了南海公司的利益，于是南海公司又操纵议会在1720年6月9日通过了著名的《泡沫法案》。《法案》规定任何股份公司要想发行股票都事先需要获得议会的特许状。本来，南海公司是想通过《泡沫法案》打击那些皮包公司，没想到搬起石头砸了自己的脚。那些皮包公司因资金链断裂纷纷破产，股东们追到南美去寻找资产，他们却发现南海公司是一个包装更为精美的骗子公司，既没有传说中的金矿，也没有可持续的贸易，一切都是骗局！

### 泡沫法案

为了维护南海公司的垄断利润，英国议会在1720年6月通过了被民间称为“泡沫法”的《1719年皇家交易所及伦敦保险公司法案》（又称《反金融诈骗和投机法》），内容规定股份公司必须取得皇家特许状才能继续经营。

该法宣布：在没有议会法案或国王特许状给予的法律权利的场合，禁止以公司名义发行可转让股票，或转让任何种类的股份。

表面上看，此举似乎是政府想要为公司热降温，实际上，法案是由议会成员提出的，而许多议员恰恰是南海公司的董事和股东。他们之所以通过该法案，目的不过是为了让投资者抛弃其他公司，都转向南海公司。

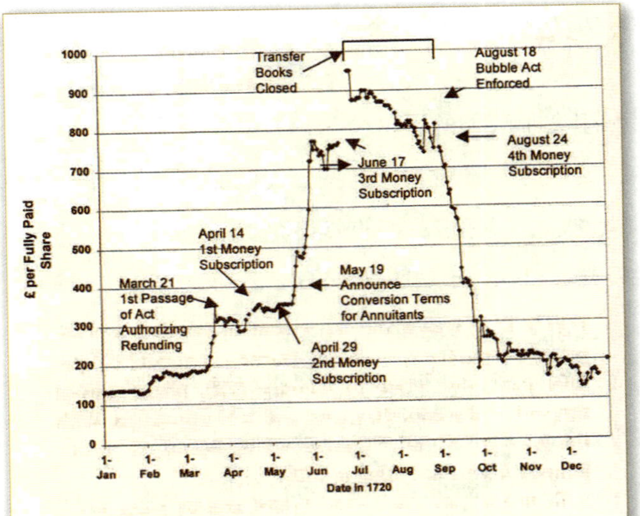

Figure 17.1
Daily South Sea Share Prices, 1720. Data courtesy of Larry Neal.

◆ 南海股价走势图

1720年年初，原本只处于128英镑的南海公司股价，到3月上升至330镑。在4月的时候，南海公司的董事们已经以每股高达300镑的价钱售出225万股股票。到5月，南海股价上升至500镑，6月升到890镑，7月的时候更上试到每股1000英镑的价位。尽管每股逾千镑，但公司董事仍然在这个价位售出500万股股票。

股市相安是暂时的，危巢之下，焉有完卵。自7月以后，随着热潮减退，股价由原本1000镑以上的价位急速下滑。8月已跌至900镑。9月，股价已暴跌至540镑。为了挽救跌势，9月12日南海公司求助英格兰银行并传出消息：英格兰银行已同意向南海公司斥资600万镑，股价为此反弹到670镑，但这个消息显然是假的，因为苏格兰银行正在伺机报仇，怎可能借钱给自己的对手呢?英格兰银行发表声明称将以市场价15%回收南海公司债券。南海股价随即跌至580镑，翌日再下市570镑，收市时更急挫至400镑。在一周后英格兰银行再发声明：自己无力收购。南海公司被推进坑里。此后，市场上人心虚怯，到9月底的时候，南海股价已暴泻到190镑，至12月股价应声灾难性跌剩124镑。一直硬挺着到最后一只股票崩盘了。

南海公司股市行情在1720年几个月内上涨约十倍，像吹泡沫一样。然而泡沫终究是会破灭的，南海公司股市行情的暴跌，使成千的股票持有人遭到破产。

消息传回国内，人们如梦初醒。

南海公司的股价从1,000镑以上迅速跌回到原点，大科学家牛顿也亏了2万多镑，这相当于他十年的收入之和。这时，人们才想起沃波尔的警告，请他出来收拾残局。大权在握的沃波尔重拳整顿金融秩序，财政大臣艾斯拉比被判重罪关进了伦敦塔。

牛顿不光是伟大的科学家，他的《向上议院财税委员阁下的陈述》，分析了欧洲各国及中国、日本、东印度的金银价格情况和欧洲的货币流通情况，认为黄金事实上已经成为英国的本位币，对金本位制的形成产生了重大的影响，因而也成为了金本位制的早期倡导者之一，也正因此而坐上皇家铸币局局长的宝座。

作为当时的皇家铸币局大臣，牛顿也没有逃过南海公司吹嘘下的骗局。牛顿在第一次进场买入南海股票时曾小赚约7000镑，但第二次买进时已是股价高峰，结果大蚀近2万镑离场。据说不只是牛顿，连伟大经济学家亚当·斯密也和牛顿一样赔钱了。就连坚决反对南海方案的沃波尔，也购买了一些南海公司的股票，只是他认为风险太大，在小赚了一笔后就卖掉了。当然，也有幸免于难的人，比如英国的作曲家亨德尔从1716年投资于南海公司，但是在1720年泡沫破裂前果断地卖掉了手中的股票而大赚了一笔钱。

英国全民疯狂追捧南海公司股份，在当时有人这样描述说“政治家忘记政治、律师放弃打官司、医生丢弃病人、店主关闭铺子、牧师离开圣坛，就连贵妇也放下了高傲和虚荣”。

英国诗人蒲柏对于南海泡沫也有过这样的诗句：股票如何了，喊声一片/没有失败，我们将在900万英镑时买进/不是丑闻，股票的基调怎么了/智慧和美丽，即使增长，但也无济于事：/我们看不到船在卸载，织布机在工作，/该死的南海公司将我们吞噬。

南海骗局像一瓢冰水浇熄了英国股票市场的萌生之火，此后100年间，英国再没有发行过一张股票，英国约克郡的股票投机家们飘洋过海来到纽约，从这个意义上说，是英国的南海骗局催生了美国的华尔街。

◆ 南海地图

南海泡沫事件对英国带来很大震荡，国人对股份公司留有阴影，而在事件中制定的《泡沫法案》一直到1825年才予废除，英国100年没发股票。在这个夹缝让美国崛起了。

最早纽约的名字是新阿姆斯特丹，在“郁金香泡沫”后，荷兰人和其他欧洲人带着他们的商业精神来到此地。荷兰西印度公司通过蔗糖和奴隶贸易大发横财后，用约2万荷兰盾建立了新阿姆斯特丹这块殖民地。这个纯商业领地很快就承继并发展了他们的商业精神，还有投机文化，具备了一个世界性都市的特质。

1652年，英国远征军同荷兰人之间展开了首次激烈的争夺殖民地的战争。1664年英国人攻打新阿姆斯特丹，结果以荷兰人的失败告终。英国远征军占领了新阿姆斯特丹后，将它的名字改为“新约克郡”，简称纽约，献给约克公爵作为生日礼物。

于是，英国人接管了纽约。如今的纽约还有一些荷兰的地名如布鲁克林（Brookly），荷兰语单词如小甜饼（cookie），人名如罗斯福（Roosevelt），而华尔街有很多的西欧英国名族之一的苏格兰人。

当然，从新阿姆斯特丹到纽约，这个城市的至爱依然是，想方设法去赚更多的钱。

## 大师的话

我能够算准天体的运行，却无法预测人类的疯狂。

——伊萨克·牛顿

# NO.4

# 汉密尔顿的旋转门

临危受命，

年轻的财政部长汉密尔顿点纸成金，

将国家信用变为源源不断的资本，

挽救了刚刚诞生的美国。

GUSHISI:HANMI'ERDUNDEXUANZHUANMEN

◆ 百老汇大街

现在的纽约是世界三大金融中心之一（其他两个是伦敦和香港），纽约是整个美国的金融经济中心、最大港口和人口最多的城市，也是世界的经济中心。

纽约是一座世界级城市，它左右着全球的媒体、政治、教育、娱乐与时尚界，被人们誉为世界之都。

纽约与巴黎、伦敦、东京并称为世界四大国际大都会。而纽约市坐落在大纽约都会区的心脏地带，是国际级的经济、金融、交通、艺术及传媒中心，更被视为都市文明的代表处。

位于曼哈顿下城的华尔街，自第二次世界大战后主导了全球的国际金融，纽约证券交易所亦位于此地。

百老汇大街，美国的文化娱乐中心。但在两百年前，纽约是美国的临时首都，这条大街并不属于艺术家，而属于政客，政客们经常在这里聚餐。其中有一顿晚餐决定了这个新生国家的命运。

这顿晚餐的主人是独立宣言的起草人，47岁的杰斐逊，时任美国首任国务卿。而应邀赴约的，是年仅33岁的汉密尔顿，美国首任财政部长，后来被称为“华尔街之父”。

## 华尔街之父

汉密尔顿在1784年成立了纽约的第一家银行——纽约银行，但是在他就任财政部长时，为了避免利益冲突，他卖掉了他在纽约银行的所有的股份。

刚刚组建的纽约银行承担了美国中央银行的职责，发行了大量的国债和州政府债券。汉密尔顿的计划导致市场上出现了大量的可交易的证券，而华尔街则由于地理位置的优势，被经纪人选中作为这些证券的交易地点。

从华尔街的东段一直延伸可以到达东河。由于风向的原因，商船都愿意在曼哈顿东边靠港。商船所带来的货物仓储及货物买卖的业务，使得整条街道成为纽约市的商业中心，这个商业中心成为经纪人大展拳脚的伊甸园。后来，这些专门从事货物买卖中介服务的经纪人开始涉足证券市场，并很快成为这一市场的主角。

另外，汉密尔顿的官邸正在华尔街和威廉大街的交界处。1791年，纽约银行迁址到麦克伊文斯大楼，正对着他的官邸。

《独立宣言》起草人，民主共和党创始人。美国第三任总统，也是第一个在贫困中死去的总统。晚年杰斐逊总结了他一生的三大功绩，弗州的宗教自由法案、《独立宣言》和弗吉尼亚大学。

杰斐逊憎恨任何投机活动，他把充斥着各种投机行为的纽约称为“一条人性堕落的大阴沟”。

◆ 杰斐逊

◆ 汉密尔顿

美国的第一任财政部长，联邦党，宪法起草人。作为《联邦党人文集》最重要的作者和制宪会议最早的发起者和最热诚的参与者，汉密尔顿实际上主导了美国宪法的制定。

作为美国的开国元勋，他是唯一一个不是生在美国的领导人。1757年，汉密尔顿在英属西印度群岛的尼维斯（今天的维京群岛）的平民之家降生。

汉密尔顿9岁时就给一个纽约商人工作。13岁时候帮生病的商人管理一家商栈。15岁在该商人的资助下只身跑到纽约国王学院学习（今天的哥伦比亚大学），旋即投笔从戎，很快被华盛顿看中，出任贴身副官。独立战争结束后，汉密尔顿回到纽约学习法律，以半年时间完成平常人最快也需要4年才能完成的学业，不到3年，即成为纽约最有名、最赚钱的律师之一，他处理的多个案件成为后来美国法律制度之经典范例。

1789年合众国联邦政府开始运作，华盛顿提名他担任财政部长，不到4年时间，就构建了异常完整的美国金融货币体系。该体系有五大支柱：其一，统一的国债市场；其二，中央银行主导的银行体系；其三，统一的铸币体系（金、银复本位制）；其四，以关税和消费税为主体的税收体系；其五，鼓励制造业发展的金融贸易政策。

49岁时，汉密尔顿与时任副总统的政敌阿龙·伯尔进行决斗，被枪击中，次日身亡。

现在，最新版10美元纸币正面正是汉密尔顿的头像。

这两个人都是美国的开国元勋，他们今天的饭局是要解决一个核心问题：如何偿还美国在独立战争期间欠下的巨额债务。

独立战争后，参加大陆会议的十三个州组成了一个新兴国家——美国。1789年4月30日，乔治华盛顿宣誓就职成为美国第一任总统。华盛顿上任后才发现，独立战争使美国背负了5400多万美元的巨额债务。怎么办呢？这时华盛顿想起了年轻的汉密尔顿，他任命汉密尔顿为财政部长解决债务危机。

◆ 美国建国、华盛顿宣誓

在整个18世纪60年代至70年代之间，英国和北美殖民地之间的关系变得日益紧张。当1773年“波士顿倾茶事件”发生后，英国议会通过了“不可容忍的法案”，采取高压性措施，封锁波士顿港，激怒了北美人民。同时，英国对北美殖民地没有节制的征税也使得社会经济矛盾急速加剧。面对英国政府的政治高压和沉重赋税，北美十三个殖民地决定联合行动，最终导致了美国的独立战争爆发。

1774年，各地代表聚到一起开了个会，史称第一次大陆会议。会议提出一个划时代的口号就是“我们都是美国人”。1775年，在莱克星顿打响了第一枪，这标志着美国革命战争的开始。1976年，第二次大陆会议，责成一个五人小组，负责起草大会宣言。负责执笔的就是来自弗吉尼亚的托马斯·杰弗逊。宣言于7月4日下午在费城栗树街的独立宫内进行投票表决，13个殖民地中有9个赞成独立，宾西法尼亚和南卡莱罗纳反对独立，达拉维尔尚未决定，纽约弃权。因此，大会宣言获得通过，这就是著名的《独立宣言》。在这份重要的历史文件上签字的，共有56名各界人士。

《独立宣言》标志着英国在北美的十三个殖民地和英国正式分家,走向独立建国的道路。而这一天也成为美国人民永远纪念的节日，被定为美国独立日。

后来，在华盛顿的领导下，美国民兵和刚刚组建的大陆军经过8年苦战，最终打败英国军队，使独立成为现实。

1783年，《巴黎条约》签定，英国被迫承认美国独立。



汉密尔顿在独立战争时期曾担任乔治华盛顿的副官，他积极倡导工业立国，主张扩大联邦政府的权利。在他看来，化解美国财政危机的关键，是统一货币，统一财政，强化国家信用。

独立出来的北美十三邦恢复了正常的生活，除了脱离了英王的统治，但现实并没有想象中的美好，反而让他们焦头烂额。在战争期间通过发债券、借外债甚至销售彩票来维持巨额的军费开支，都成为了导致独立之后的美国混乱的经济局面的原因。

在当时的北美联邦政府，各邦彼此之间的商业竞争愈演愈烈，贸易壁垒森严，报复与反报复导致经济发展无序趋势加剧，甚至兵戎相见。同时，英国等外国商品乘虚而入，货币、公债、制造商和进出口贸易四大集团利益遭遇重创。其次，战争中应由各邦分担、尚欠未交的军费和欠各国的外债，根本筹集不上来予以弥补和归还。没有拿到足额军饷的军人的不满，造成各地治安混乱，社会不稳；美国的国际形象和信誉下降，尤其在欧洲，出口贸易受到相当影响。再次，当时法郎、荷兰等币制不统一，流通货币不足，大陆币严重贬值，制约了商业流通和经济的发展。最后，从国际形势看，英、法、西班牙等环伺在侧，而欧洲打英国（法国出钱，荷兰出力），美法联军和英国打等混乱的战争也是麻烦所在。

同时，对国债、借据和大陆币的投机活动存在。投机商拍卖各种证券，虽然只是零星和非正式的活动，但是如何监管这些对证券进行的投机活动却成为了重铸国家金融机构的美国的重大政治问题之一。

在联邦政府成立之前，美国有十三个独立的殖民地州。殖民地政府不仅有独立的行政权，而且有独立的发债权和货币发行权。就连货币的名称和计量单位都不一致。有的州用美元，有的州依然在用英国的磅和便士。汉密尔顿的想法是由联邦政府承担各州所欠的全部债务，但前提是各州政府将接受统一货币，上交财政权。

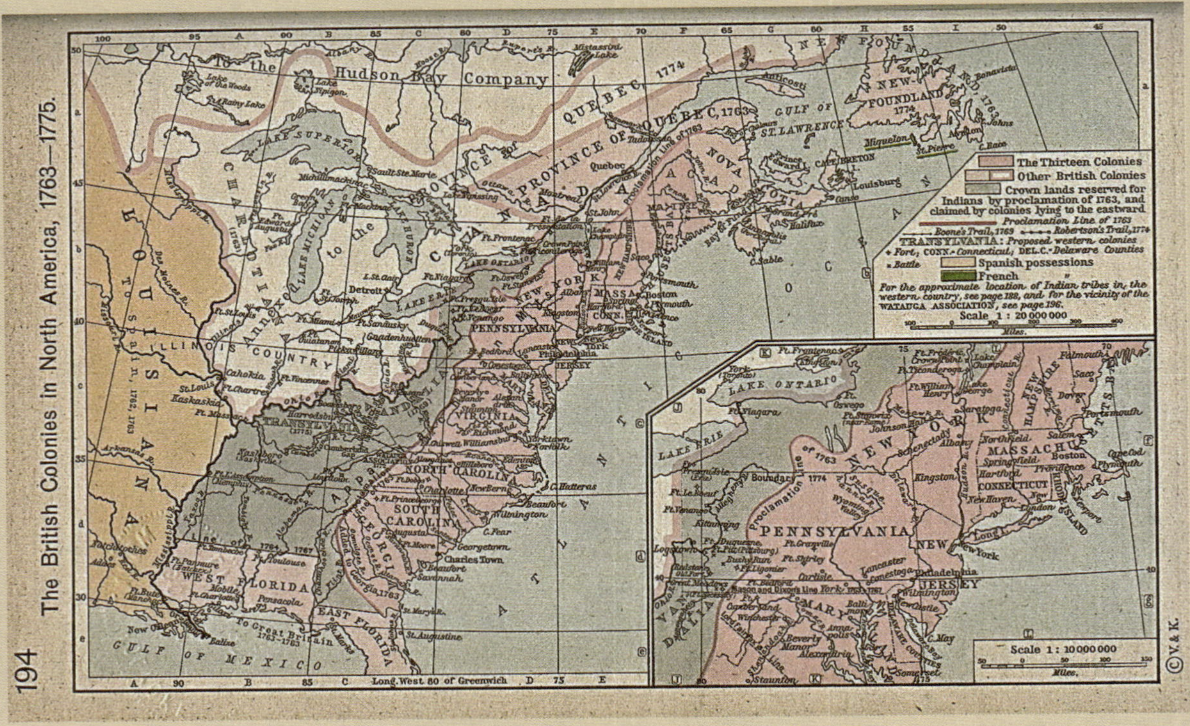


◆ 美国建国十三州地图

弗吉尼亚、马萨诸塞、纽约、新泽西、新罕布什尔、南卡罗来纳、北卡罗来纳、佐治亚、马里兰、宾夕法尼亚、特拉华、罗得岛、康涅狄格

美国独立初期的币制非常混乱。甚至很多地区重新回到易货贸易。

美国独立战争，货币成了直接的导火索。当时大陆会议能从法国、西班牙和荷兰借款，但却不能在国内发行足够的国债来筹资以支援战争。

1775年6月，没有办法的大陆会议决定不再以征税的方式筹集军费，而是求助于硬性贷款，签发借据强制征用各种物资，直接制造美国人民自己的货币，发行“不兑现纸币”，即“大陆币”（就是现在的美元），将战争的经济命脉控制在自己手中。

美国各州都开足马力，拼命印制和发行美元。截至1776年7月美国《独立宣言》发布，仅一年时间美元的发行量就翻了近八倍，超过1500万之巨。

当时的1500万美元，是个天文数字。美元的信用越来越低，引起通货膨胀是必然的。在当时，孩子们拿成捆的美元来搭成玩具，大人们甚至拿来烧着取暖。美国政府一面教育人民要热爱自己的货币，一面采取强硬手段强制美元流通，规定凡拒绝使用美元者将被视为卖国贼，财产将被没收。

美元持续贬值。到了1779年，驻康涅狄格州的两团美军士兵拒绝接受美元作为军饷，统帅华盛顿将军束手无策，只得向法国借了一笔法郎发给士兵才平息了事态。

大陆币引发了严重的通货膨胀，因为它是政府说是钱就是钱而已。在短短的几年间，国会不得不将以前发行的纸币重新定值，只有原有面额的2.5%。

汉密尔顿的想法立刻遭到一个人的强烈反对，他就是托马斯·杰斐逊。独立宣言的起草人。杰斐逊出身于南方农场主，他主张农业立国。杰斐逊认为：美国不应该有一个中央集权的联邦政府，应该让各州政府在经济上和政治上保持充分的自由和独立。他甚至对于联邦政府将纽约定为临时首都耿耿于怀。

◆ 汉密尔顿和杰斐逊在桌旁讨论

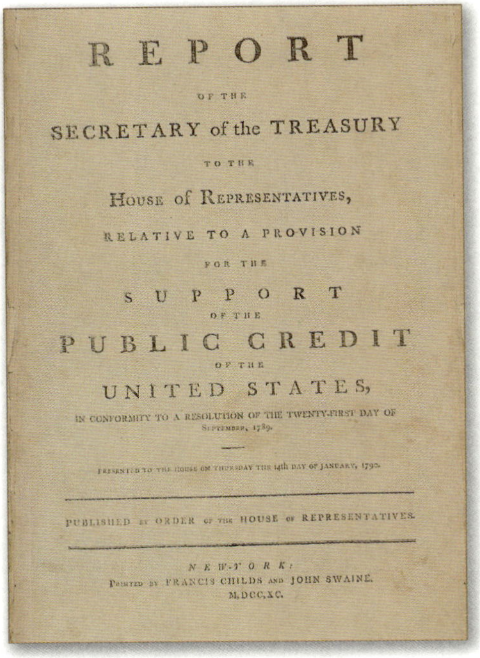
REPORT

OF THE

SECRETARY of the TREASURY

TO THE

HOUSE of REPRESENTATIVES,

RELATIVE TO A PROVISION

FOR THE

SUPPORT

OF THE

PUBLIC CREDIT

OF THE

UNITED STATES,

IN CONFORMITY TO A RESOLUTION OF THE TWENTY-FIRST DAY OF SEPTEMBER, 1789.

PRESENTED TO THE HOUSE ON THURSDAY THE 14th DAY OF JANUARY, 1790.

PUBLISHED BY ORDER OF THE HOUSE OF REPRESENTATIVES.

NEW-YORK:

PRINTED BY FRANCIS CHILDS AND JOHN SWAINE.

M,DCC,XC.

◆ 公共信用报告

三大报告：信用报告，银行报告，工业报告<制造报告>

作为财政部长的年轻的汉密尔顿临危受命，这时摆在他面前的一边是各州政府发行的正在贬值的货币，而另一边是陆续到期的巨额战争负债。汉密尔顿向国会提交了一份报告，这就是著名的《公共信用报告》。根据这份报告，国会将授权财政部发行新币，回笼所有旧币；同时发行新债，清偿所有旧债。旧币旧债将陆续退出市场，新币新债将垄断市场。联邦政府的信用将取代各州政府的信用，一举实现统一货币，统一财政的目标。这个方案被后人称之为“旋转门”。

这是一个天才的方案，但是由于杰斐逊的反对，国会连续四次否决了这个方案。无奈之中汉密尔顿决定直接向华盛顿总统报告。

美国总统华盛顿的临时住所当时也在这条街上，1792年4月的一天，汉密尔顿来到华盛顿的家，向总统报告了他的想法和遇到的阻力。时隔不久，汉密尔顿接到了杰斐逊的晚宴邀请。

在餐桌上，汉密尔顿继续向杰斐逊兜售他的方案，晚餐变成了激烈的争论，杰斐逊坚决反对扩大联邦政府的权利，他更关心的是如何抵制建都纽约的计划。最后他对汉密尔顿说：你还是先去说服那些主张建都纽约的人吧。汉密尔顿答应了。

◆ 汉密尔顿赴宴

几天之后国会批准了旋转门计划，时隔不久，美国的临时首都迁往费城。汉密尔顿的旋转门计划构建了美国的信用货币和国债体制。

### 信用货币

是由国家法律规定的，强制流通不以任何贵金属为基础的独立发挥货币职能的货币。目前世界各国发行的货币，基本都属于信用货币。信用货币是指币材的价值低于其作为货币所代表的价值甚至没有价值，只凭借发行者的信用而得以流通的货币。在交易中流通的期票、汇票、银行券和支票等，都属于信用货币。它体现着债权人与债务人之间的信用关系。

## 国债

又称国家公债，是国家以其信用为基础，按照债的一般原则，通过向社会筹集资金所形成的债权债务关系。国债是由国家发行的债券，是中央政府为筹集财政资金而发行的一种政府债券，是中央政府向投资者出具的、承诺在一定时期支付利息和到期偿还本金的债权债务凭证，由于国债的发行主体是国家，所以它具有最高的信用度，被公认为是最安全的投资工具。它是国家信用的主要形式，中央政府发行国债的目的往往是弥补国家财政赤字，或者为一些耗资巨大的建设项目、以及某些特殊经济政策乃至为战争筹措资金，由于国债以中央政府的税收作为还本付息的保证，因此风险小，流动性强，利率也较其他债券低。

华尔街的第一桶金就是来自美国的国债。

这是现代美国金融体系的两大支柱。旋转门计划实施后的第一年，美国就还清了大部分欠款。到1793年，美国的国债在欧洲债券市场上已经成为信用等级最高的债券。从此，债券市场让资金源源不断流向美国。

当国债不仅仅是债务，而且是一种可自由流通的商品，它就能通过债券市场将国家信用直接转化为社会财富，从而成为经济增长的源动力之一。

### 大师的话

信，国之宝也。

——《左传·僖公二十五年》

# NO.5 梧桐树下的承诺

杜尔，

华尔街的庄家鼻祖，

他疯狂的炒作让半个纽约的人濒临破产，

为了收拾残局，

股票商人们聚在一起，

签署了第一份行业自律协议。

GUSHIWU:WUTONGSHUXIADECHENGNUO

今天的股票投资人可以轻易获得与股票相关的各种信息，但是在200年前，股票的买卖都是私下进行。既没有公开市场，也没有信息披露。如今成熟的股票交易规则和制度的建立，则源于美国华尔街的第一次股灾。

◆ 早期的纽约

这场股灾发生在1792年的美国。而引发这场股灾的就是这个人，“威廉·杜尔”。威廉·杜尔是联合宪章的签署人之一，曾当过助理财政部长，不过他的志向始终都不是为国家服务，早在独立战争期间他就利用职务之便倒卖土地，在财政部他只待了短短半年就辞职不干了，自己做起了股票投机的生意。

美国华尔街的第一次股灾，和旋转门计划在时间上链接紧密，是前后脚关系，差点毁了汉密尔顿建立的体系。

威廉·杜尔1747年出生于英国，曾在西印度群岛经营他父亲的房地产，然后定居在纽约。

纽约证券交易所的创立人之一，是牛市的一个大玩家，元老级人物。

美国独立战争爆发时，他站在了反抗英国的一边，并被选入了大陆会议。卸任后，他靠向大陆军供应物资发了横财，并娶了美国将军威廉·亚历山大的女儿凯瑟琳。

◆ 威廉·杜尔

1785年，他被任命为依照《联邦条例》设立的国家财政委员会的秘书，这个职位简直就像是为获得内幕信息而专设的。从此开始了他的各种投机活动。最终，他因欠债不还而入狱，并在那里了结余生。

股票交易的背后是信息的流动，华尔街一直都是信息的集散地，1791年的一天威廉杜尔得到一条内部消息，美国第一银行将收购纽约银行将其变成自己在纽约的分行。而在当时财政部长汉密尔顿的“旋转门计划”付诸实施。

◆ 早期纽约银行

政府募集资金的需求催生了银行热。股市中银行股的交易空前活跃。此时这条消息无疑是给银行股的火爆行情火上浇油。特别是纽约银行的股票。

美国第一银行——只存在了20年的行使了中央银行职能的私人银行。

1791年，作为汉密尔顿“旋转门”计划的后续部分，合众银行（美国第一银行）成立。

早在1790年12月，作为联邦政府的首任财政部长，亚历山大·汉密尔顿向国会提出了《关于设立国家银行的报告》，建议以英格兰银行为蓝本建立全国性银行——合众银行，它可以成功地管理财政、支持公共信用、创造货币、实现信贷扩张，促进流动性和生产性资本的增加，其中最为重要的是可以直接解决联邦政府偿还战债的燃眉之急。

为此，华盛顿要求阁员提出书面报告。托马斯·杰斐逊在《意见书》中从“严格解释宪法”出发，认为宪法没有赋予联邦政府成立银行的权力，宪法虽然谈到政府可以制订一切“必需的”“适当的”法律，但“必需的”并不是“方便”行事。因此，“银行是不需要的，不能据此授权成立银行”。汉密尔顿则在《建立合众银行合乎宪法》的辩护书中，首次提出了“宽泛解释宪法”，并由此认为，宪法赋予政府的每一项权力，本质上都是主权性的，并据此有权使用一切必要的手段，以达到该项权力的目的。他的结论是，“成立国家银行是合乎宪法的”。几经权衡，华盛顿签署了银行法案。

汉密尔顿与杰斐逊的争执对美国银行业产生了深远的影响，合众银行问题及其建立在当时政治语境下意义远非仅限于经济层面。在其反对者，尤其是那些对宪法怀有不信任情绪的人们心目中，这个银行是对州权的某种侵蚀，是工业集团可能谋得好处的工具。这就为合众银行到期关闭的结局埋下了伏笔。

1791年2月25日，合众银行获得特许状，期限为20年。资本为1000万美元，其中政府认购200万美元，占20%，私人投资800万美元，占80%。合众银行为公私合办，它行使中央银行的部分职能，如代理国库，并可发行银行券，但以股本数额为限；可吸收社会游资及外资，经营放款；可发行银行票据，向企业家贷款。

银行的私人部分7月4日公开发行，发行价25美元，一小时被抢光。整个纽约陷入银行股炒作风潮中，和众银行股票最高时达到325美元，股权认购权证炒到92美元。股票经纪人们手忙得不亦乐乎，纽约股票交易乱成了一锅粥。

值得注意的是合众银行被授予特权——可以开设分支机构。可以说，合众银行的建立为稳定新生美利坚的金融市场起了重要作用，对增加美国的资本额和增强资本活动、推动工商业发展更是功不可没。此外，合众银行的建立也使东北部金融集团的力量得到加强，其对联邦政府的影响愈益显著。

然而，合众银行带来的经济上的益处未能抵得过政治上的争斗，1811年，合众银行特许状到期，永久性关闭。

在杜尔看来，这是一个可以大赚一票的难得机会，如果消息属实纽约银行的股票价格一定上涨，于是，杜尔和他的华尔街伙伴开始大量收购纽约银行的股票。

◆ 在独立战争期间杜尔发了大财

今天的股票交易都是通过中介在公开市场中完成的，而在当时，华尔街并没有公开的交易市场，股票交易都是私下进行的，精明的杜尔发现操纵信息进而操纵股价是一条快速致富的捷径。

杜尔的投资策略就是逢低买入，多多益善。然后散布消息 拉抬价格。这就是庄家操纵市场的一贯做法。至今还被许多价格操纵者不断模仿。

杜尔大量买入纽约银行的股票，尽其所能，在贪婪的欲望驱动下，他以月息高达百分之四的条件四处借钱。还和很多人私下签署了共同炒作纽约银行股的协议，最后杜尔几乎完全控制了纽

◆ 早期的股票交易

◆ 今天的股票交易场景

约银行股的交易，成为这支股票最大的庄家。

杜尔的大肆炒作吸引了越来越多的追随者，据说当时的纽约有半城人成为杜尔的跟风者，威廉杜尔的投机让资金不断从银行流入股市，财政部长汉密尔顿发现了这一潜在的危险，因为股票投机将波及到银行的资金周转，甚至会威胁到他的“旋转门计划”，于是汉密尔顿下令，银行不得再给股票投资者提供任何贷款。

◆ 纽约银行股票

坐庄炒股需要大量的资金不停的周转，而就在此时杜尔却借不到钱了，原来的借款无力偿还，借新债还旧债的游戏到此结束。1792年5月，杜尔锒铛入狱。

当市场传说合众银行正在收购纽约银行将其变成分行时，杜尔开始买进纽约银行的股票。当然，杜尔并不想就此满足。他用合伙人麦科姆的账户在市场上做多纽约银行股票的同时，又用自己的账户在做空这只股票。杜尔是聪明的，他使用的是合约商量好的麦科姆的钱。如果收购没有发生，他们合营的股票账户损失惨重，但杜尔自己的账户上却依然会大发其财。

当投机狂热逐渐升温时，又有几家银行宣布合并。投资者蜂拥抢购。在这股狂热的高潮中，人们的眼光随着杜尔在转动，他们相信他是不会进行错误的选择的。

杜尔的股票操作原本是很秘密的，但不知道什么原因却很快被众人获知，而其他的投机者们都竞相模仿。同时杜尔四处借钱购买股票，还和很多著名人物签订了投机协议。他甚至还挪用了20多万美元的财政部款项。他开始买进银行股，并相信股价的上涨会使他有能力还钱。杜尔大笔买进纽约银行股票，成了“庄家”。

股票的趋势也因为杜尔的行为更加火热膨胀起来。

杜尔的对手即卖股票给他的人，不愿看到纽约银行股票继续上涨，于是拆杜尔的台，纷纷到银行提取金银币，制造货币紧缩，银行开始收回贷款。当时货币市场日息达到1%，杜尔融不起资了，坐庄资金链断裂，股票大跌，杜尔套牢。他被迫向借款人宣布无法付息。

而在财政部，当审计员发现杜尔所负责的财政部的账户上少了约23.8万美元时，汉密尔顿下令对杜尔提起诉讼来追回这笔款项。

万般无奈的杜尔试图借钱来填补这个漏洞，但是仅仅在几周前还恨不得蜂拥把钱扔给他的人们，现在连一分钱都不愿意借给他。其实在最开始的时候是杜尔四处以2%——4%的月息借钱，由于他副部长背景，才会有很多人愿意借钱给他的。

事情被抖搂了出来，纽约愤怒了，借款人涌出，包围杜尔住所。但此时，杜尔已经锒铛入狱。

杜尔导演的这次的股灾，不但使自己身陷牢狱，更使一大半纽约市民倾家荡产。

市场一片恐慌，纽约银行股价暴跌，市值瞬间蒸发了500万美元，500万美元相当于当时纽约的房地产总值，这是华尔街历史上的第一次股灾。不仅直接造成了巨大的经济损失，而且让华尔街的交易急剧萎缩，市场陷入困境。迷茫的股票经纪人聚在一起，寻找对策。

当时的华尔街几乎每间咖啡馆都有私下的股票交易，华尔街68号门前的梧桐树非常醒目，人们经常在那里聚会。1792年5月17日24位股票经纪人就在这棵梧桐树下签署了这样一份非常简单的协议。

◆ 梧桐树下签署协议

1792年这棵梧桐树就已经有了几百年的历史，而在“梧桐树协议”73岁寿辰的1865年6月，一场自然的暴风雨，刮倒了这棵梧桐树。

协议确定了三项原则，第一是24个经纪人建立同盟，这等于是行业的准入门槛。第二是相互之间享有股票交易的优先权，这相当于约定了场内交易。第三是统一佣金标准，防止同业竞争。协议明文规定，股票交易的佣金不得低于千分之三。这就是著名的梧桐树协议，被后人称之为“纽约股票交易所的起点”。

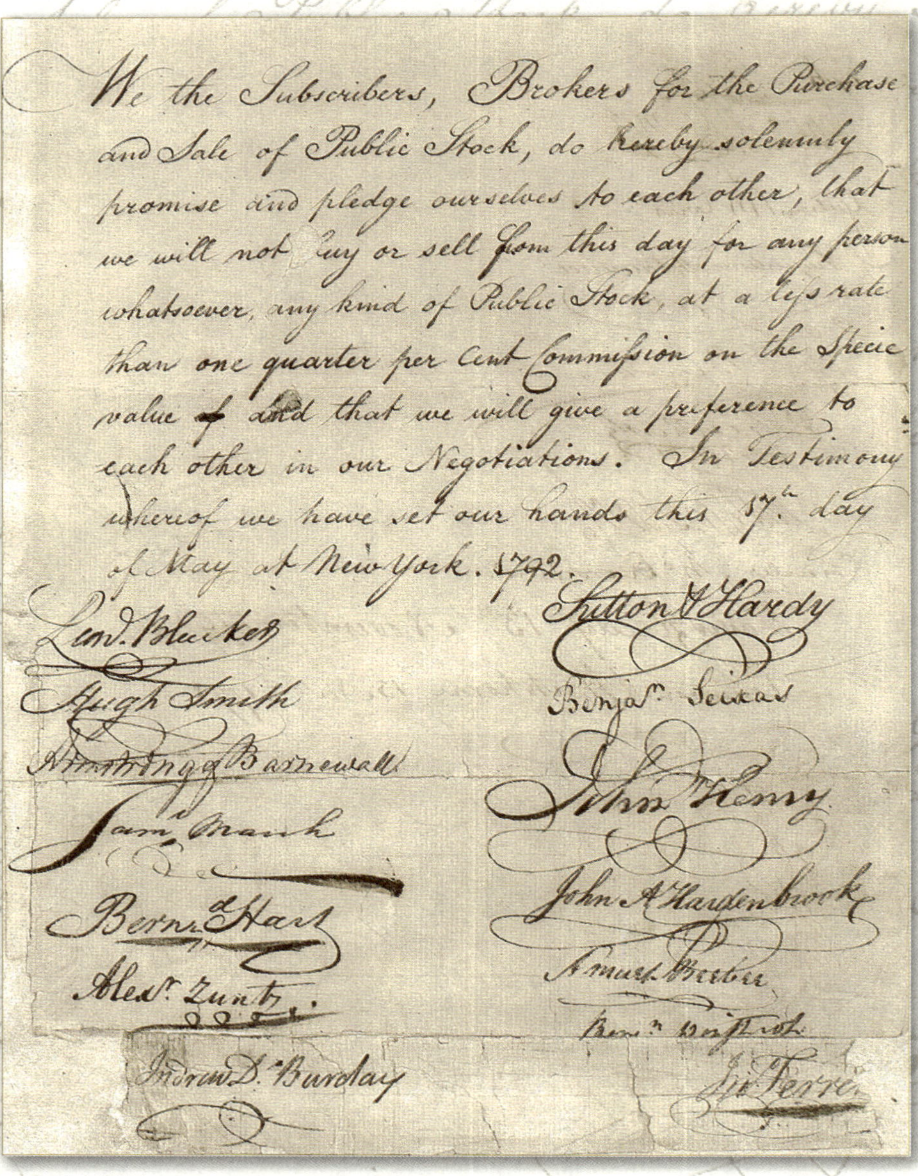

We the Subscribers, Brokers for the Purchase and Sale of Public Stock, do hereby solemnly promise and pledge ourselves to each other, that we will not buy or sell from this day for any person whatsoever, any kind of Public Stock, at a less rate than one quarter per Cent Commission on the Specie value of and that we will give a preference to each other in our Negotiations. In Testimony whereof we have set our hands this 17th day of May at New York. 1792.

Leond. Bleecker
Hugh Smith
Armstrong & Barnewall
Saml. March
Bernd. Hart
Alexr. Zuntz
Andrew D. Barclay
Sutton & Hardy
Benjn. Seixas
John Henry
John A. Hardenbrook

◆ 梧桐树协议

协议正文：“我们，在此签约者——作为股票买卖的经纪人特此庄严承诺并彼此保证：从今天起，我们将以不低于0.25%的佣金费率为任何客户买卖股票，同时，在任何交易的磋商中将给予会员彼此的优先权。”

◆ 今天的纽约股票交易所

纽约交易所历经三次变迁：华尔街68号、咖啡馆、现在的纽约交易所

在梧桐树协议签署后，华尔街股票交易的混乱局面迅速扭转。1793年，在距离梧桐树300米远的街角，又开了一家咖啡馆，24个股票经纪人这才把他们之间的交易，从梧桐树下搬到室内。后经数次搬迁，纽约股票交易所才正式落户在今天的地点。

坐庄投机和资本市场与生俱来，人性的贪婪是追逐财富的源动力，也是危机爆发的导火线。所以行业的自律和交易的规则，是股票市场生存的基础，这就是梧桐树协议的伟大功绩。

## 大师的话

不以规矩，不能成方圆。

——孟子

# NO.6 给风险定价

谷物价格的波动，

给农民和商人们带来巨大的损失，

为了规避风险，

芝加哥的商人们发明了期货，

从此资本可以通过期货交易规避时间包含的风险，

发掘时间蕴藏的价值。

GUSHILIU：GEIFENGXIANDINGJIA

◆ 芝加哥期货交易所楼顶的女神像

在美国芝加哥的拉塞尔大街上，有一栋45层高的大楼。楼顶上有一尊高31英尺、重6吨的谷物女神雕像。这座大楼从1930年建成以来一直就是芝加哥的地标。这就是现代期货市场的诞生地，也是目前全球最大的衍生品交易市场——芝加哥期货交易所。

◆ 芝加哥期货交易所大楼&芝加哥期货交易所内

芝加哥期货交易所是当前世界上交易规模最大、最具代表性的农产品交易所。

19世纪初期，芝加哥是美国最大的谷物集散地，随着谷物交易的不断集中和远期交易方式的发展。1848年，由82位谷物交易商发起组建了芝加哥期货交易所，该交易所成立后，对交易规则不断加以完善，于1865年用标准的期货合约取代了远期合同，并实行了保证金制度。

芝加哥期货交易所除提供玉米，大豆、小麦等农产品期货交易外，还为中、长期美国政府债券、股票指数、市政债券指数、黄金和白银等商品提供期货交易市场，并提供农产品、金融及金属的期权交易。芝加哥期货交易所的玉米、大豆、小麦等品种的期货价格，不仅成为美国农业生产、加工的重要参考价格，而且成为国际农产品贸易中的权威价格。

全球三个大的交易所：伦敦金属交易所交易的是贵金属，是世界上最大的有色金属交易所。在19世纪中期，英国曾是世界上最大的锡和铜的生产国，如今世界上全部铜生产量的70%是按照伦敦金属交易所公布的正式牌价为基准进行贸易的；纽约期货交易所是由纽约棉花交易所和咖啡、糖、可可交易所合并而来的，是世界上唯一一家交易棉花期货和期权的交易所。而纽约商品交易所主要涉及能源和稀有金属两大类产品，比如原油、煤和黄金等。交易方式主要是期货和期权交易；芝加哥期货交易所是当前世界上最具代表性的农产品交易所，2006年10月17日美国芝加哥商业交易所和芝加哥期货交易所合并成全球最大的衍生品交易所——芝加哥交易所集团。

◆ 早期芝加哥南水街

谷物女神，为什么会成为芝加哥期货交易所的象征呢？这要从最早的期货谈起。1848年4月3日，83个谷物交易商同时来到芝加哥南水街105号。他们聚在一起，是要商讨一个办法，解决谷物交易市场的混乱局面。

芝加哥地处五大湖区和芝加哥河的交汇处，是美国中部的金融中心城市。

◆ 早期芝加哥

19世纪初，这里是美国中、西部最重要的农产品集散地。当时由于交通不畅，信息闭塞，年景好的时候农产品供过于求，农民们不得不把卖不出去的粮食丢掉，而在青黄不接的时候，农产品供不应求，价格飞涨。于是，一些商人开始和农民签订预售合约，事先约定未来的农产品交易价格，以避免价格波动带来的不确定性。这种合约就是期货的雏形。

## 远期合约

远期合约是20世纪80年代初兴起的一种保值工具。

远期合约是一种金融衍生工具，是指合约双方约定在未来特定的某一时刻按约定的价格买卖约定数量和质量的金融资产的合约，合约中会指明买卖的商品或金融工具种类、价格及交割的日期等内容。

远期合约能够使资产的买卖双方消除未来资产交易的不确定性，但是交易周期长，时间跨度大，所蕴含的不确定因素也很多，加之成交量持仓量小，流动性相对差一些，因此远期合约价格波动剧烈且比较频繁。

当时可不像现在，这种约定并没有明确的法律保护，甚至没有一个统一的交易场所，因此违约事件经常发生。一旦违约事件集中发生，市场就会陷入混乱。为了给自发的期货交易制定规则，83个谷物交易商聚在了一起。经过反复讨论，一个名为芝加哥商会的组织诞生了。

◆ 早期谷物交易

芝加哥商会订立了期货的交易准则和惩罚机制，确定南水街为期货交易的固定场所，并规定每日开市时间为上午10点到11点。这样一来，期货交易有了规定时间，有了固定场所，交易双方的行为有了约束。市场日趋繁荣，交易日趋规范。后来，芝加哥商会更名为芝加哥商品交易所。

◆ 芝加哥早期期货交易所&
芝加哥早期期货交易所内

◆ 戈登·哈伯德

在芝加哥商会83个创始人中，我们必须提到一个人的名字，他就是戈登·哈伯德。针对频繁出现的交易违约， 哈伯德提出由资深人士组成一个委员会，负责监督交易双方的交易行为。这个倡议得到了商会的认可。这就是最早的市场监督机制，后来成为芝加哥期货交易所的信誉支柱。市场监督委员会的诞生还催生了另外一个制度，这就是期货市场上最重要的保证金交易制度。

期货合约，是约定在未来的某一天，交易双方完成资金与货物的交割，在交割日之前，为保证诚信，买卖双方需各缴纳一笔资金，作为履约担保，由第三方监管，这就是保证金交易。保证金是按照合约交易金额的百分比计算，通常是5%到8%。

保证金交易制大大增强了期货市场的活力，但由于早期的期货合约五花八门，交易数量和交割日期随心所欲，这对于期货合约本身的交易极为不便。为了提高合约交易的效率， 1865年，芝加哥期货交易所推出了谷物交易的标准化合约。合约规定一年中有几个固定的交割期限，对交易的品种、交易的数量和计价单位，也都有明确的规定。这样交易双方可以根据各自的需要自行选择。标准化合约大大提高了谷物交易的便利程度。同时，标准化合约更有利于投机者的参与，这进一步提高了期货市场的交易规模。

## 保证金制度

也称押金制度，指清算所规定的达成期货交易的买方或卖方，应交纳履约保证金的制度。在期货交易中，任何交易者必须按照其所买卖期货合约价格的一定比例缴纳资金，作为其履行期货合约的财力担保，然后才能参与期货合约的买卖，并视价格确定是否追加资金，这种制度就是保证金制度，所交的资金就是保证金。

因为有了保证金制度，才有了杠杆，期货才能变成“杠杆概念”。

## 期货的标准化合约

指由期货交易所经统一制定的、规定在将来某一特定的时间和地点交割一定数量和质量商品的标准化合约。其标的资产（基础资产）的交易价格、交易时间、资产特征、交易方式等都是事先标准化的，具有普遍性和统一性。

保证金交易和标准化合约，是芝加哥期货交易所的两大发明，也是全球期货交易市场的两大基石。从此，芝加哥期货交易所飞速发展，交易品种不断增加，从农业延伸到各类大宗商品的交易领域，最终发展成为全球最大的期货交易中心。

如今，期货交易的品种包罗万象，已经成为全球交易财富总量最多，交易规模最大的市场。

期货的诞生，赋予资本一种全新的力量，让资本通过期货交易的方式，可规避时间包含的风险，并发掘时间蕴藏的价值。

从此，资本以实体经济为基础，在交易市场中创造着时间的财富。

**大师的话**

my word is my bond（我言出必行）

——芝加哥期货交易所门楣上的格言

# NO.7 注水的股票

*牛贩子出身的投机家，*
*遇上了华尔街的老船长，*
*为了当时美国最长的铁路，*
*两人掀起了一场股票大战。*

GUSHIQI:ZHUSHUIDEGUPIAO

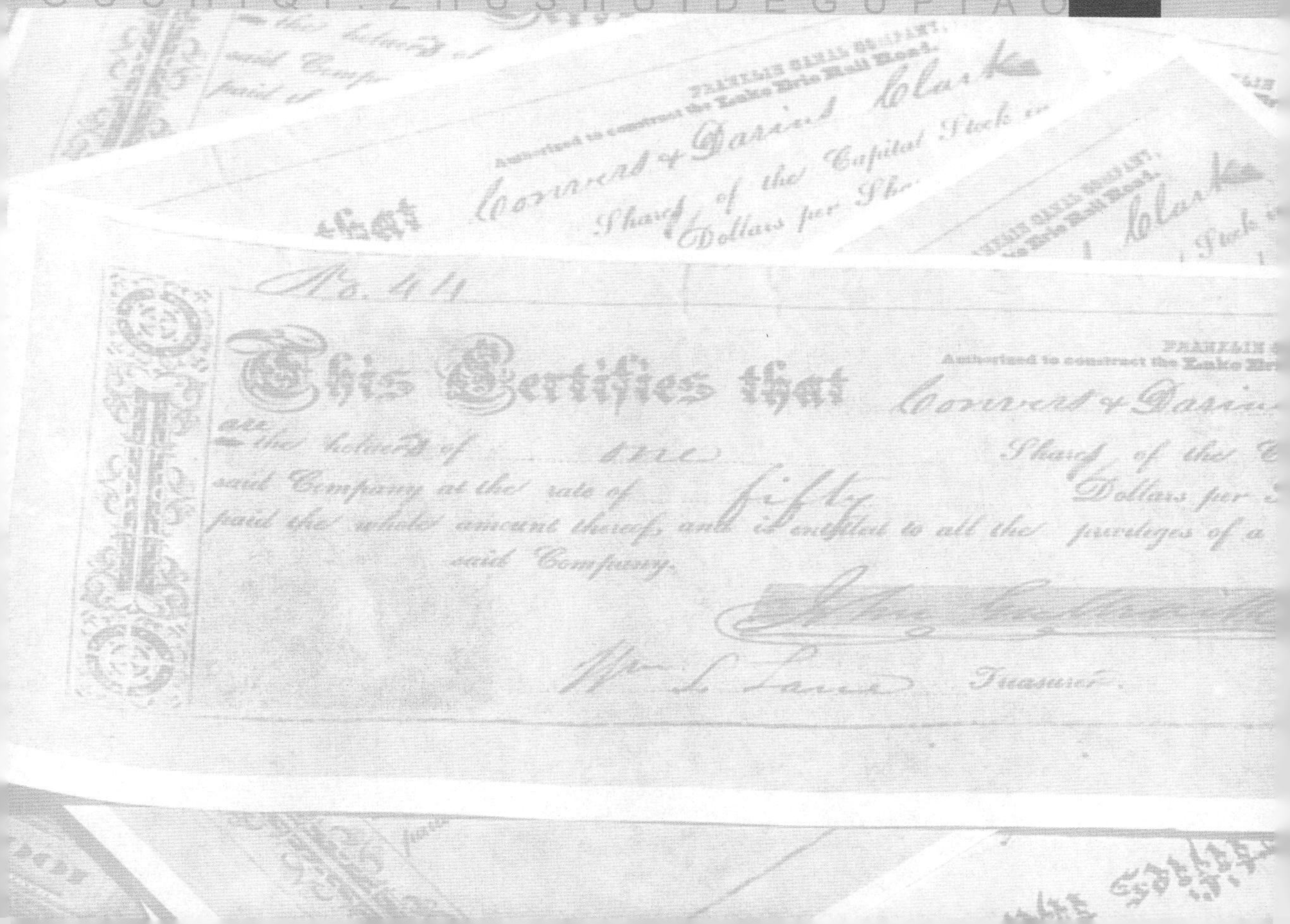

◆ 早期纽约法院

纽约州法院，成立于1691年，负责审理纽约州的重大案件。1863年，一个关于股票交易的诉讼案件在这里开庭审理，这一起诉讼，改变了当时美国股市的交易规则。

上诉的一方，范德·比尔特，华尔街金融巨头，美国航运大亨，人称“老船长”。被诉的一方，丹尼尔·德鲁，华尔街著名投机商人，伊利铁路公司的大股东。



1794年出生于纽约斯坦顿岛上的小农场主家庭。范德比尔特从小就对学校教育的抽象理论，尤其是死记硬背的教育模式相当厌烦，因而只在学校待了6年，他虽然没有掌握繁琐的英语语法和单词拼写，但是有思想的他却远远超过了他的同龄人。

◆ 范德·比尔特

1810年，年仅16岁的范德比尔特向母亲借贷100美元买帆船搞轮渡而起家，从斯坦顿岛和曼哈顿之间运送旅客开始，最终成为了水运大亨。美国《商业日报》称他为“船长”，这称呼在同时代的人中流传开来，因而后来的历史上也如此称呼他。

据说在第一个运输旺季结束的时候，范德比尔特还给了母亲100美元，另外还多给了1000美元。

在快70岁的时候，范德比尔特将睿智的目光转投铁路，他来到了华尔街，他购买铁路，比如纽约—哈莱姆铁路，以无与伦比的效率来经营、扩张，尽一切可能把它们的作用发挥到极致。同时，他还买入别的铁路的股票，如持续买入哈德逊铁路的股票，最后成为哈德逊铁路最大的股东。

范德比尔特成为了一代“铁路大王”，和美国19世纪后半期的金融大王摩根、石油大王洛克菲勒及钢铁大王卡内基齐名的四大天王。实际上他亦是美国工业革命时期实业救国的老大。

他是纽约第五大道的开拓者，纽约第五大道正是因他而名满天下。

在股市中，范德·比尔特相当的牛，当时华尔街股票的60%都是铁路股，大多在他的手里。

◆ 丹尼尔·德鲁

1797年，德鲁出生于贫瘠山区的一个贫困家庭，从小接收较少的教育，仅仅会读、写和掌握一些基本的算术。14岁时丧父，正遇上美英战争爆发，他为100美元奖金参加民兵，就是靠这100美元，贩卖牲畜，快速积累了约1600万美元，成为美国著名富豪。

然后，他来到了华尔街。德鲁深深地被华尔街吸引，他十分热衷战胜对手所带来的兴奋和成就感，所以，没有多少学识的、但聪明而诡计多端的德鲁成为了华尔街著名的投机商。

他为人狡诈、唯利是图，他的座右铭是：世间没有朋友，也没有敌人，只有金钱是永恒的。在贩牛生涯中，他晚上给牛喂盐，第二天一早赶到河沟饮水，牛喝成大肚子，到市场上按重量出售，后来“掺水股票”一词，无可争议地正出于此。

但是德鲁却是清教徒，能忍受常人不能忍受的地狱般的磨难，这也造就了他。德鲁一生虔诚地信奉基督教，并且还创办了一个神学院，出资建造了几所教堂。

这种双重标准绝不矛盾，绝不会影响到他的商业的行为，德鲁是一个能够把宗教信仰和商业行为完全清楚分开的一个人。E.C.斯特德曼曾经这样描述德鲁的双重标准：“伦理中的人留下深刻的印象。德鲁大叔最为显著的特色之一就是，无论他走到哪里，他都会将他的宗教信仰带到哪里，但是，他的神奇之处在于他的宗教信仰似乎不会对他的生活产生任何实质性的影响。事实上，他甚至能从他的信仰中获得帮助和力量，来实现那些昭示他最丑陋一面的阴谋。”

夜色街头淫荡及操持皮肉生意的女性，被称作“猩红女人”。在股市里，人们把设计圈套诱惑投资人的卑劣伎俩，也叫“猩红女人”。德鲁就是一个资本市场史上的“猩红女人”。

美国当时的司法制度，法官制。

自1776年北美13个殖民地宣布独立，美利坚合众国成立之初，联邦总统需要一位法律顾问来帮助他处理各种法律事务。

1789年，国会第一次会议通过了一项法案，授权总统任命一名联邦检察长。其职权包括：在联邦最高法院审理的刑事案件中提起公诉；参与联邦政府可能为一方当事人的民事诉讼；应联邦总统或各部首长的要求提供有关法律问题的咨询意见等。

联邦地区检察官的设立是由1789年的“司法条例”规定的。地区检察官统一由总统任命。他们负责起诉那些应该由联邦法院管辖的违法犯罪案件，而且他们在自己的司法管辖区内享有几乎毫无限制的独立的公诉权。联邦检察长虽然被视为联邦政府的首席法律官员和首席公诉官员，但他与各地区联邦检察官之间并没有隶属关系。他无权干涉地区检察官的事务。

实际上，联邦检察长在很长一段时期内都是一个非专职的政府法律顾问。他可以从事自己的私人法律业务，而且直到1853年他才被要求把办公地点设在联邦政府内。

至此，最能代表美国司法制度特点的检察体制已具雏形。

美国共有52个相互独立的法院系统，包括联邦法院系统、首都哥伦比亚特区法院系统和50个州法院系统。虽然联邦最高法院是全美国的最高法院，其决定对美国各级各类法院均有约束力，但是联邦法院系统并不高于州法院系统，二者之间没有管辖或隶属关系。从一定意义上讲，美国的法院系统为“双轨制”，一边是联邦法院，一边是州法院，二者平行，直到联邦最高法院。

除了内布拉斯加等几个州采用“两级模式”，联邦和大多数州的法院系统都采用“三级模式”。所谓“三级模式”，就是说法院建立在三个级别或层次上，包括基层的审判法院、中层的上诉法院和顶层的最高法院。当然，各州所使用的法院名称并不尽同。例如，在纽约州，基层审判法院叫“最高法院”；中层上诉法院叫“最高法院上诉庭”；实际上的最高法院则叫“上诉法院”。

联邦和大多数州采用的并不是“三审终审制”，而是“两审终审制”，即诉讼当事人一审败诉后只有权提起一次上诉。从理论上讲，当事人在一审之后可能还有两次甚至三次上诉审的机会。但是，请求上诉法院再审是当事人的权利，请求最高法院再审就不是当事人的权利，而是最高法院的权力了。在前一种情况下，法院必须受理当事人的上诉；在后一种情况下，法院没有受理的义务，只有当法院认为必要时才受理。当事人若想获得后一种上诉审，必须得到法院的“上诉许可令”或者“调卷令”。

但是，也有特殊的情况，比如在纽约州，绝大多数案件的当事人都有两次上诉的权利；在加利福尼亚州，法律规定凡是被告人被判死刑的案件都适用“三审终审制”。另外，某些在州法院系统败诉的当事人还可以得到联邦最高法院的“四审”。

联邦法院或州法院，普通法院或特别法院，都可以根据基本职能不同而分为两种：审判法院和上诉法院。两者之间的职责分工是明确和严格的，审判法院只负责一审，而上诉法院只负责上诉审。但是联邦最高法院和某些州的最高法院例外，它们同时拥有两种基本职能。

审判法院一般都采用法官“独审制”，即只有一名法官主持审判并做出判决。上诉审法院则采用“合议制”，即由几名法官共同审理案件并做出判决。合议庭的组成人数的规格为：中级上诉法院由3名法官组成；最高法院则由5名、7名或9名法官组成。审判法院的审判有两种形式：法官审和陪审团审。包括首席大法官在内的9名大法官的主要职责就是审判，并不承担行政管理职能。

在法庭上，范德·比尔特声称，在他收购伊利铁路公司股票的过程中，德鲁用卑鄙的手段骗取他的钱财。

伊利铁路是当时美国最长的铁路。伊利铁路从开工到完成历时19年，修建预算也从最初的1000万美元，一路飙升。到建成时，一共花了2350万美元。为此，伊利铁路的开发商不得不想尽办法融资，股票、债券、可转换债券都用了，其中最受投资者喜爱的是可转换债。和今天我们所熟悉的可转债不同，伊利铁路的可转债，可在股票和债券之间随意转换，进可投机，退可生息。

## 债　券

是政府、金融机构、工商企业等直接向社会借债筹措资金时，向投资者发行，承诺按一定利率支付利息并按约定条件偿还本金的债权债务凭证。发债人须于债券到期日前按期支付早前承诺的利息，并在到期日于指定价格向债券持有人赎回债券（即归还本金）。

债券的本质是债的证明书。债券购买者与发行者之间是一种债权债务关系，债券发行人即债务人，投资者（债券持有人）即债权人。

债券是一种有价证券。

## 股　票

是股份公司在筹集资本时向出资人公开或私下发行的、用以证明出资人的股本身份和权利，并根据持有人所持有的股份数享有权益和承担义务的凭证。股票的产生距今已近四百年。

股票是一种有价证券，是股票持有者定期从股份公司取得的股息收入。代表着其持有人对股份公司的所有权，作为公司资本部分所有权，成为股东以此获得股息（股利），并分享公司成长或交易市场波动带来的利润；但也要共同承担公司运作错误所带来的风险。每一股同类型股票所代表的公司所有权是相等的，即“同股同权”。

股票只是对一个股份公司拥有的实际资本的所有权证书，只是代表取得收益的权利，是对未来的收益的支取凭证，间接地反映了实际资本运作的状况，因而表现为一种虚拟资本。

◆ 伊利铁路地图

1832年4月24日，伊利铁路从纽约州立法机构拿到了建设许可证，花了19年的时间才最终建成，起始站在哈德逊河畔的皮尔蒙特，终点站在伊利湖畔的敦克尔克。它是连接纽约港和五大湖区的铁路线，是美国早起经济的核心区，也是政治的产物。它曾一度成为世界上最长的铁路，当然这地位只是维持了比较短的一段时间。

崎岖不平的路线给工程施工带来了很多技术上的难题，更由于偏离最初的设计，还有很多不利因素，这条铁路自建成就一直事故频繁，赢利不多。许可证的条款最早的要求是公司筹集1000万美元资金，并且只有在它的一半股票被认购之后才能正式组建公司，并具体地规定了伊利铁路的轨距是6英尺，而且允许修建483英里，甚至规划了整个铁路线只能在纽约州内铺设，不允许它与任何外州的铁路相连。这些规定是相当

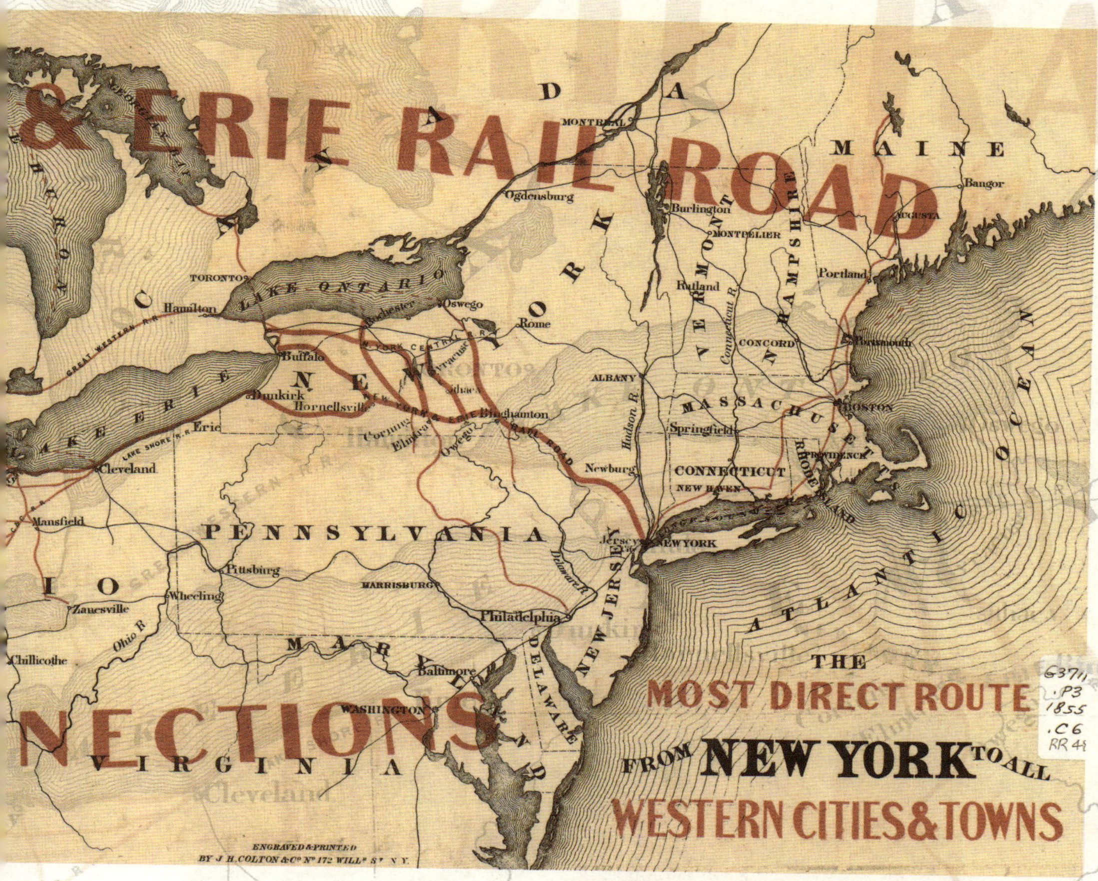


不科学的、盲目的。因而在1850年的时候，纽约州立法机构重新要求伊利铁路尽可能地与其他的铁路相连。一系列科学的做法也被采用，在许可证的限制下，直到19世纪末伊利铁路才得以采用标准轨距，约4英尺8.5英寸。而造价也飙升到了2350万美元，不断向州政府借款和到华尔街筹集资金而形成的特殊资本结构，几乎成为了铁路建设融资的反面典型。

除了许可证的条条框框，天然的崎岖不平的路线也使得伊利铁路在修建的时候事故不断。据记载，仅1852年一年，就发生了超过30起大的交通事故。

范德比尔特曾控制过伊利铁路。而后来，德鲁是伊利铁路的大股东。

这种可转债的发明人就是丹尼尔·德鲁。德鲁是牛贩子出身。当年做贩牛生意的时候，他每天早晨，把牛牵到河边，让牛大量喝水，增加体重，然后再送到市场上出售，江湖人称“注水牛贩子”。德鲁贩牛发财之后，转战华尔街，成为一名股票投机商。

在伊利铁路不断融资的过程中，丹尼尔德鲁成了公司最大的股东。但是他从来不过问公司的经营，几乎每天都在炒作伊利铁路的股票。当时有人形容说：“整个华尔街都在以高价从德鲁手里买入伊利股票，再低价卖回给德鲁。”

◆ 德鲁漫画

亨利克鲁斯在他的《华尔街回忆录》中，记载了德鲁的同伙当时说的一句话：只要印刷机没有故障，不管这个老头要多少股票，我都能够给他。

就在德鲁疯狂炒作股票的时候，范德比尔特看中了伊利铁路。当时，美国经济刚刚进入铁路时代，美国人正在打造世界上最密集的铁路网。铁路股票因此成为股市中的王者。从1830年首支铁路股票上市，到60年代，纽交所54家上市公司中，铁路股票占了36家。但是由于铁路公司各自为政，铁路互不相通，铁路货运需经多次装卸才能到达终点。

◆ 铁路劳动场景

范德比尔特看到了机会，他的计划是把铁路连成一张网，而伊利铁路是完成这一计划的关键。于是，范德比尔特决定不惜一切代价获得伊利铁路的控制权。

美国的铁路时代——

当时，三条铁路支撑着从美国中西部地区到纽约的商贸活动：纽约中央铁路、伊利铁路和宾夕法尼亚铁路。前者在范德比尔特的掌控之下，毫无疑问会处于良好的管理和高效的运营之中。在托马斯·斯科特领导之下的宾夕法尼亚铁路也以“把投资者利益放在首位”而著称。整个牌局中最变化无常的就是伊利铁路，只要德鲁我行我素，这三条铁路之间达成的任何协议都只会是一纸空文。如果不能控制伊利铁路，就难以形成价格联盟，从而避免价格战。

他选择的方式非常简单，就是在市场上直接收购伊利铁路的股票。不过，他事先收买了一位法官，颁布了一条法令，禁止伊利铁路再发行新股。然后，他以平均每股80美元的价格买入20万股伊利铁路，他认为胜券在握。因为市场上的伊利铁路股票总计才有25万股。但是当他不断买入的时候，他才发现，市场上的伊利铁路股票源源不断，远不止25万股。

原来，德鲁在得知范德比尔特要购买伊利铁路公司的消息之后，他发现这是一个绝好的赚钱机会。和范德比尔特一样，他也收买了一位法官，宣布只要有董事会的批准，伊利铁路公司随时可以发行新股。此外，他将手中持有的可转换债券不断转换成股票，再到印刷厂大量印刷新股，不假思索地抛向市场。据说，他经常口中念念有词，买吧，你买多少，我印多少。

消息传开，伊利铁路的股票价格一落到底，范德比尔特偷鸡不成蚀把米，控制伊利铁路的梦想顿时化为泡影，于是他恼羞成怒，将德鲁告上法庭。

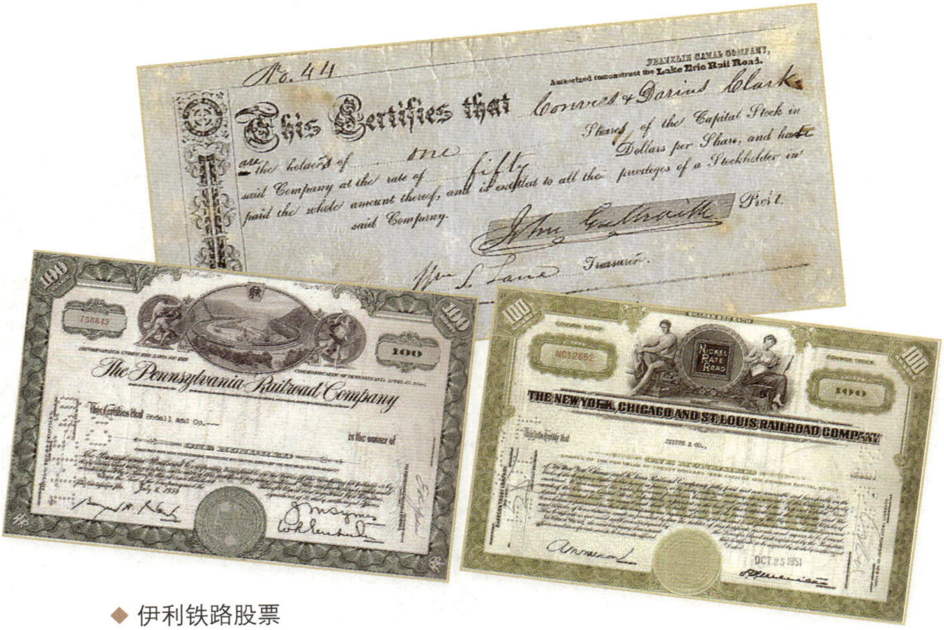


◆ 伊利铁路股票

由于没有相关法规，法庭难以裁决，只能建议他们庭外和解。于是，两个冤家对头面对面谈判，最后达成协议如下：德鲁，负责把股价拉回到范德比尔特的买入价，让他卖出10万股减少损失，但必须吞下其余的注水股票。两人算了一笔账，范德比尔特要吞下注水40%的股票，成为第一大股东，而德鲁净赚700万美元，离开伊利铁路公司。

◆ 伊利铁路铁路官司漫画

伊利铁路之争，暴露了股票市场的制度缺失，由于没有流通股的限制，大股东一旦控制了公司，就可以随意印刷股票。此后，华尔街修订了规则，这些规则有效地遏制了滥发股票，在这场官司70年后的1933年被写入了美国的《证券法》。

1911年，堪萨斯州通过了一部管理证券发行的综合性法律,史称《蓝天法》。此后,各州纷纷效仿,制定了与《蓝天法》类似的法律,后来被统称为《蓝天法》，是美国的证券法的起源。

1933年美国颁布了《联邦证券法》，奠定了美国金融证券法律的基础，规定了公司、有限合伙、信托以及其他发行者发行证券和股权凭证时原则上应该予以注册。但是注册并不是目的，通过注册将证券商和证券的信息公布于众，通过事前的监督在一定程度上避免欺诈和违法交易。

一个是规范公司，一个是信息披露；一个是证券的发行，一个是交易。信息披露，即透明化，健全了上市公司的股票发行制度。

资本没有善恶，市场要有规则，没有规则的资本市场只能是骗子和投机者的游戏。有了公平公正的规则体系，资本市场才能成为大众投资的场所。

**大师的话**

秩序，是自由的第一条件。

——黑格尔

# NO.8 巨人的诞生

J.P.摩根，

华尔街的无冕之王，

他转动资本魔方，

创造了世界第一家资产超过十亿美元的公司，

巨人时代由此到来。

GUSHIBA:JURENDEDANSHENG

◆ 纽约的第五大道

第五大道，是纽约著名的商业街，也是奢华与品位的代名词，19世纪以来，这里一直都是美国富人的聚会场所。1900年12月12日，在第五大道的大学俱乐部，一个人正在滔滔不绝地谈论着美国钢铁业的未来。听众之中，有一位非常显赫的人物，他就是J.P.摩根。

◆ 摩根

美国银行家，金融家，还是收藏家。

1837年出生在美国康乃狄克州首府哈特福德市的贵族家庭。摩根成人后正赶上美国“镀金时代”。他把金融资本与产业资本结合，发动了功垂史册的产业大并购。

1862年，摩根在纽约创办了自己的公司，J·皮尔庞特·摩根公司。1895年，摩根把公司正式改名为J·P·摩根公司，在2001年大通曼哈顿收购组成摩根大通银行。

1871年，摩根和费城的德雷克赛尔公司成立了一家合伙公司——纽约的德雷克赛尔——摩根公司。总部在华尔街23号，华尔街与宽街的街角处，此地一直是摩根银行的总部，华尔街人称之为“街角”。

摩根公司在南北战争、美西战争、英布战争中大发债券横财，成为世界的债主。

摩根组织的著名的企业合并有，1892年成功撮合成爱迪生通用电力与汤姆森·休斯顿的电气公司合并成世界上最大的多元化服务性公司——通用电气公司。摩根公司是第一个使用爱迪生电灯泡和第一个投资爱迪生公司的财团。摩根打造了处在第二次工业革命技术核心地带的伟大高科技公司。

他资助联邦钢铁公司成立后，陆续合并了卡内基钢铁公司及另外几家钢铁公司，并在1901年组成美国钢铁公司。

在铁路、报业和造船业等其他产业中的影响也是不可小觑的。同时，摩根爱好收藏艺术品，至今他的收藏还保留在纽约麦迪逊大道的摩根图书馆中。

人们所熟知的泰坦尼克号海难与他也有一丝关系。1912年他订购了泰坦尼克号处女航的头等套房，后因故没有上船，因而逃过一劫。

在1907年摩根扮演了中央银行的角色使恐慌在刚刚开始就被成功遏制，由于此事促成了美联储在6年之后的1913年成立，也是这一年的3月31日，伟大的摩根在意大利罗马过世，其后遗体送回纽约，华尔街降半旗以示敬意。

摩根，是美国华尔街的无冕之王，凭借着与美国财政部的深厚关系和敏锐的洞察力，摩根财团掌控着全美国33%的金融资产，并垄断了美国的债券市场。摩根的融资能力在当时无人能及，他可以在极短的时间内募集数亿美元，在1913年美联储成立之前，摩根几乎就是美国的中央银行。

◆ 查尔斯·施瓦布

前面提到的演讲人，名叫查尔斯·施瓦布，他来自匹兹堡，是当时全球最大的钢铁公司——卡内基钢铁公司的总经理。

施瓦布认为，美国要保持全球第一钢铁强国的地位，钢铁业必须进行大规模的产业整合。

听到这里，摩根产生了共鸣并看到了一个机会，演讲结束后，摩根把施瓦布请到了自己的办公室。

此时的摩根，正在整合美国钢铁业，他已经收购了伊利诺公司等多家企业，组成了美国第二大钢铁企业——联邦钢铁公司。此时，他正在思考如何对付卡内基钢铁公司。作为当时世界钢铁大王，卡内基钢铁公司的年产量遥遥领先，每年盈利超过4000万美元。

◆ 联邦钢铁公司

◆ 卡内基钢铁公司宾夕法尼亚分厂

19世纪60年代，美国的钢铁生产经营极为分散，从采矿、炼铁到最终制成铁轨、铁板等成品，中间需经过许多厂家。加上中间商在每个产销环节层层加码，致使最终产品的成本很高。卡内基深知传统钢铁企业的这些弊病，他决心建立一个面目全新的、囊括整个生产过程的供、产、销一体化的现代钢铁公司。

1873年底，他与人合伙创办了卡内基——麦坎德里斯钢铁公司。公司共有资本75万美元。卡内基投资25万美元，是最大的股东。在随后的20多年间，卡内基使自己的财富增加了几十倍。

1881年，卡内基实现了童年的梦想，与弟弟汤姆一起成立了卡内基兄弟公司，其钢铁产量占美国的三十七分之一。1892年，卡内基把卡内基兄弟公司与另两家公司合并，组成了以自己的名字命名的钢铁帝国——卡内基钢铁公司。成了名副其实的钢铁大亨，与洛克菲勒、摩根并立，是当时美国经济界的三大巨头之一。

19世纪末20世纪初，卡内基钢铁公司已成为世界上最大的钢铁企业。它拥有2万多员工以及世界上最先进的设备，1901年的产量超过了英国全国的钢铁公司的总产量，它的年收益额达4000万美元。

摩根和卡内基虽然是老相识，但关系并不密切。施瓦布的演讲让摩根看到了机会，他想，也许我真能收购卡内基。在摩根的办公室，两人聊到深夜，几天后再次会谈，一直聊到凌晨3点，这次会谈的主题，就是如何收购卡内基钢铁公司。最后，摩根对施瓦布说，只要老头子愿意，让他开个价，钱不是问题。摩根迅速安排了一笔银团贷款，募集了几亿美金。

而施瓦布则先去拜访了卡内基夫人探一探口风，夫人对他说："老头子打球的时候最高兴，你就在球场上和他谈吧。"

◆ 卡内基

安德鲁·卡内基，1835年出生于苏格兰古都丹弗姆林。父亲威尔·卡内基以手工纺织亚麻格子布为生，母亲玛琪则以缝鞋为副业。

卡内基8岁时，英国工业革命的巨浪席卷了丹弗姆林。这座古老的城镇上出现了第一架蒸汽带动的亚麻织布机。丹弗姆林的手工纺织业不堪蒸汽机的冲击，日渐衰颓，纷纷破产。卡内基一家的生活也每况愈下，帮工被解雇，织机被变卖。母亲只有开一间小铺子，以维持生计。

然而，1846年的欧洲大饥荒和1847年的英国经济危机使得卡内基一家实在混不下去了，卡内基的双亲变卖了家中所有的织布机和家具，并借了 20英镑启程前往美国投亲。

卡内基一家在纽约下船后辗转来到匹兹堡，在亲戚家安顿下来，日子过得相当清苦。

卡内基在白天劳累一天后，晚上还参加夜校学习，课程是复式记帐法会计，每周3次。这段时期他所学的复式会计知识，成了他后来建立巨大的钢铁王国并使之立于不败之地的法宝。

◆ 卡内基和夫人

1849年冬天，年仅14岁的卡内基得到机会进入匹兹堡市的大卫电报公司当了一名送电报的信差。

一年后，他已升为管理信差的负责人。

当年的匹兹堡不仅是美国的交通枢纽，而且是物资集散中心和工业中心。电报作为先进的通讯工具，在这座实业家云集的城市起着极其重要的作用。每天走街串巷送电报、嘀嘀嗒嗒拍电报的生活，卡内基就像进了一所"商业学校"。他熟悉每一家公司的名称和特点，了解各公司间的经济关系及业务往来。日积月累之中，他熟读了这无形的"商业百科全书"，这使他在日后的事业中获益匪浅。因此，卡内基在回顾这段时期时，称之为"爬上人生阶梯的第一步"。

1853年，宾夕法尼亚州铁路公司西部管区主任斯考特看中了18岁的有高超的电报技术的卡内基，聘他去当私人电报员兼秘书。

在宾夕法尼亚铁路公司的10余年中，卡内基逐步掌握了现代化大企业的管理技巧。这种技巧是他后来组织庞大的钢铁企业时所必不可少的。

同时，卡内基初试牛刀，参与投资，而且频频得手，为他以后开办钢铁企业奠定了一定的经济基础。

1856年，卡内基购买了10股亚当斯快运公司的股票，共计600美元。不久，一张亚当斯公司10美元红利的支票就送到了卡内基的手里。

不久，卡内基将卧铺车的发明者伍德拉夫引荐给宾夕法尼亚铁路公司，建立了一家火车卧铺车厢制造公司。卡内基通过借贷投资买下该公司三十八分之一的股份。仅200余美元的投资，一年之间分得的股票红利高达5000美元。到1863年，卡内基在股票投资上已成为行家里手。

1865年，卡内基果断地辞掉了铁路公司的职务，创办了匹兹堡铁轨公司、火车头制造厂以及铁桥制造厂，并开办了炼铁厂，开始涉足钢铁企业。

1873年底，他与人合伙创办了卡内基——麦坎德里斯钢铁公司。在随后的20多年间，卡内基使自己的财富增加了几十倍。

1881年，卡内基实现了童年的梦想，与弟弟汤姆一起成立了卡内基兄弟公司。1892年，卡内基把卡内基兄弟公司与另两家公司合并，组成了以自己的名字命名的钢铁帝国——卡内基钢铁公司。

在33岁的那一年，卡内基在日记上写了下面的一段话："对金钱执迷的人，是品格卑贱的人。如果我一直追求能赚钱的事业，有一天自己也一定会堕落下去。假使将来我能够获得某种程度的财富，就要把它用在社会福利上面。"

卡内基是美国慈善事业的开拓者，他从不名一文的移民到堪称世界首富的"钢铁大王"，在功成名就后，又将庞大财富捐献给社会。他的后半生，主要致力于慈善事业与世界和平。

1919年8月11日，84岁的卡内基在美国雷诺克斯市的别墅中因肺炎而谢世。

在一个寒冷的冬日，施瓦布陪卡内基打了一场高尔夫，并让他赢了，趁机施瓦布向卡内基转达了摩根的提议，并特意强调说：摩根请您开价。

◆ 美国钢铁公司

此时的卡内基已萌生退休之意，他也正在思考把钢铁公司交给谁。经过一夜的思考，次日，卡内基用铅笔在一张纸条上写了一个数字：4.8亿美元。在当时，这是一个天价，因为联邦政府每年的开支才3.5亿美元。然而，摩根看到后，二话没说，他接受了。

1901年3月3日，摩根宣布：全球最大的公司——美国钢铁公司诞生了。公司总资产高达14亿美元，这也是人类历史上首家资产规模突破10亿美元的公司。消息一出，震惊世界，让同时进行的总统就职典礼黯然失色。

西奥多·罗斯福，人称老罗斯福。1901年9月6日，麦金莱总统被无政府主义者刺杀，9月14日不治身亡。罗斯福补位登上总统宝座，成为美国历史上最年轻的总统。他是唯一没有指着《圣经》宣誓就职的美国总统。他的独特个性和改革主义政策，使他成为美国历史上最伟大的总统。

他在第一任期保留了前总统的内阁和基本施政方针，1904年连任后，他的政治倾向开始偏左。罗斯福的改革理念是调整财产与公共福利的关系，重新把公共福利置于个人财产，即发展之上。在他看来，这是重建社会和谐的主旨。在这一理念指导下，西奥多·罗斯福开始反垄断斗争，他把矛头指向摩根的铁路控股公司——北方证券公司，对它提出起诉。他又强迫一个煤矿接受政府对罢工的调解，这是联邦政府第一次支持有组织的罢工。

1912年卸任后，罗斯福与共和党意见有分歧，于是脱党，代表进步党参选总统，试图东山再起，但败于美国民主党的候选人伍德罗·威尔逊，从此退出政坛。

OVER A BILLION DOLLARS.

The Capital Stock of the Great Steel Combination. Incorporated Under the Laws of New Jersey.

Most Gigantic Combine ever Organized in the History of the World.

The most gigantic combination ever known in the history of the world, has at last became a reality. Articles of incorporation of the United States steel corporation were filed on the 25th at Trenton, New Jersey. The articles place the capital stock of the company at only $3,000, but it may be increased at any time, and it has been agreed that the capital stock is to be made $1,100,000,000. The combination has purchased the plant at Sydney, Cape Breton, recently put in by Mr. Moxham. It is said that $40,000,000 in cash was paid for this plant. Mr. Moxham was for a number of years at the head of the Lorain plant and a number of former Elyrians are with him now at Sydney.

The works at Lorain belonging to The Federal Steel Co. pass into the control of the new company. Practically all the great iron and steel industries of this county are now under one control.

◆ 报纸报道1901年2月27日宣布成立的美国钢铁公司（US Steel）（伊利里亚记者）

包括卡内基钢铁公司在内，美国钢铁公司在组建过程中，共收购了785家企业，控制了美国钢铁业70%的产能。占当时美国国民生产总值的7%，以今天的价格计算，相当于11000亿美元。垄断的力量是巨大的，美国钢铁公司成立当年，盈利达到6000万美元，第二年达到9000万美元，此后25年间，始终保持领先地位。身为华尔街的无冕之王，摩根凭借着强大的金融资本，驱动了美国的产业整合浪潮。从此，美国进入了大公司的时代。

"镀金时代"——是美国重大社会转型期。

19世纪70年代，电的发明和使用让人类进入"电气化"时代，现代重工业体系开始建立。但也带来人类征服自然欲望和追求财富本能的增强，形成肆无忌惮掠夺自然资源的狂潮。美国取代英国成为"世界工厂"，成为了金元帝国。

然而，美国需要建立新经济秩序，调整制造业发展过快过猛的经济结构。美国是自由经济国度，调整产业结构只能靠市场。

以摩根为代表的四大天王重组了美国的产业，从自由竞争到垄断，奠定了美国工业的基础，开始大规模的腾飞，领先世界。1900年前后，通用、福特等世界500强就在此时产生。

当时环境污染也造成民怨，但是人们也由蓝领变成了白领，不再使用苦力而是用智力来服务国家。

寡头资本，核心意义不在垄断而是产业整合。摩根完成了资本让经济合理化的使命，缔造了资本光辉的历史。

当时有人说："公元前4000年上帝创造了世界，1901年又被摩根重组了一回"。

摩根收购卡内基钢铁公司，被后人称为"世纪大合并"。从此，美国经济走进了十亿美元的时代，金融资本一旦和产业资本相结合，就会产生巨大的能量，让一个国家走向世界的巅峰。

## 大师的话

想出新办法的人，在他的办法没有成功以前，人家总是说他异想天开。

——马克·吐温

# NO.9 镀金的美元

*布雷顿森林会议，*

*让美元成为世界货币，*

*镀金的美元，*

*给二战后的全球贸易带来了蓬勃发展的动力，*

*也为固定汇率制的崩溃埋下了伏笔。*

GUSHIJIU:DUJINDEMEIYUAN

◆ 蒙特·华盛顿酒店（酒店名称来源：华盛顿山，mountain）

美国新罕布什尔州，有一个风景优美的旅游度假胜地，名为布雷顿森林。布雷顿森林中最著名的酒店，是蒙特·华盛顿酒店。布雷顿森林成名的原因，是一次历史性的会议。

1944年夏天，诺曼底登陆刚刚成功不久，全世界的注意力都聚焦在硝烟弥漫的欧洲战场之中。而在这时，布雷顿森林的华盛顿饭店悄悄地热闹起来了，来自45个国家，总计730位代表聚在一起，共同商讨如何建立一个全球性的货币金融体系。

与会者中，有许多人是主流财经媒体上的常客，其中包括美国财政部长摩根索，副部长怀特，和美联储主席艾考斯等。

◆ 怀特

布雷顿森林会议又称“联合国货币金融会议”。1944年7月在美国新罕布什州布雷顿森林举行，有包括法、美、英、苏和孔祥熙为代表的中华民国等45国代表参加。会议通过《联合国货币金融会议最后议定书》、《国际货币基金组织协定》、《国际复兴开发银行协定》。后两者总称为《布雷顿森林协定》。参加会议的国家同意建立一个国际货币制度，由新成立的国际货币基金组织及其辅助机构国际复兴开发银行来加以管理。国际货币基金组织为保持国际汇率的稳定、多边贸易和货币的可兑换性而设立。

根据协定规定，35美元等于1盎司黄金，各会员国货币通美元保持固定汇率，美元可代替黄金作为国际储备，美国承担接受各国政府或中央银行向美国兑换黄金的义务，由此建立起美元与其他成员国货币间的固定比价，从而建立了以美元为中心的世界货币体系。根据后一协定，美国在国际复兴开发银行中拥有的投票数最多，取得了在国际金融中的支配地位。

布雷顿森林会议解决的是汇率问题，有三个内容：第一是美元和货币挂钩。第二是成立国际货币组织。第三是成立世界银行。会议建立了以美元为中心的国际货币体系，并成立了世界银行和国际货币基金组织。国际货币是个尺子，美国担任了。

布雷顿森林体系的建立，确立了战后以美元为中心的国际货币体系。关税总协定作为1944年布雷顿森林会议的补充，连同布雷顿森林会议通过的各项协定，统称为“布雷顿森林体系”，即以外汇自由化、资本自由化和贸易自由化为主要内容的多边经济制度，构成资本主义集团的核心内容，是按照美国制定的原则，实现美国经济霸权的体制。

布雷顿森林体系的主要内容包括以下几点：第一，美元与黄金挂钩。各国政府或中央银行可按35美元一盎司的黄金官价向美国兑换黄金。第二，其他国家货币与美元挂钩。其他国家政府规定各自货币的含金量，通过含金量的比例确定同美元的汇率。第三，实行可调整的固定汇率。《国际货币基金协定》规定，各国货币与美元的年度汇率波动不得超过10%。第四，各国货币兑换性与国际支付结算原则。前者的原则：任何会员国对其他会员国在经常项目往来中积存的本国货币，若对方为支付经常项货币换回本国货币。后者的原则：会员国未经基金组织同意，不得对国际收支经常项目的支付或清算加以限制。第五，确定国际储备资产。美元处于等同黄金的地位，成为最主要的国际储备货币。第六，国际收支的调节。国际货币基金组织会员国份额的25%以黄金或可兑换成黄金的货币缴纳，其余则以本国货币缴纳。

布雷顿森林体系保证了二战后世界金融秩序的稳定，为经济复苏奠定了基础。但是布雷顿森林体系也存在种种缺陷：第一是美国利用美元的特殊地位，操纵国际金融活动。第二是美元作为国际储备资产具有不可克服的矛盾。第三是固定汇率有利于美国输出通货膨胀，加剧世界性通货膨胀，而不利于各国利用汇率的变动调节国际收支平衡。

1971年8月15日，尼克松总统宣布实行“新经济政策”，停止对各国用黄金兑换美元，美元与黄金脱钩立刻引发了新一波贬值大战，到1973年第八次美元危机之后，由于无法忍受美国带来的高通胀率，各国纷纷放弃对美元的固定汇率制，实行浮动汇率，布雷顿森林货币体系走完了27年的历程，黯然解体。

而这些人中，最具影响力的，是英国代表团团长梅纳德·凯恩斯。他的名声，在此后60多年的经济学界经久不衰，是迄今为止对政府经济政策影响最大的经济学家。

◆ 凯恩斯

约翰·梅纳德·凯恩斯（1883－1946），生于英格兰的剑桥，父亲是剑桥大学的教师，他本人则长期在剑桥大学任教和主编《经济学杂志》，兼任英国财政部顾问和英格兰银行理事等职。他是现代西方经济学最有影响的经济学家之一，因开创了经济学的“凯恩斯革命”而称著于世。有关于中央银行的职能，中国就是他学生。

美国财政部副部长怀特也是一位著名的经济学家，当美国政府的方案和凯恩斯方案同时提上议事日程之后，一个国际会议变成了两个经济学家之间的唇枪舌剑。

◆ 怀特和凯恩斯

凯恩斯提出应创造一种超主权的国际货币来承担这个功能，他起名为班科。而怀特认为这是多此一举，美元就可以直接承担这个功能，而其他国家的货币只要和美元挂钩即可。是班科还是美元，这就是争论的焦点。

◆ 布雷顿会议中的凯恩斯

凯恩斯方案的目的，客观上是防范美国利用美元，独霸全球经济的领导权。而此时的美国，拥有全球三分之二的黄金储备，是全球最大的债权国，综合国力举世无双，而欧洲历经战乱，经济濒临崩溃，昔日霸主英国已沦为美国最大的债务国。所以怀特方案的背景，是美国强大的军事和经济实力。两位经济学家争论的结果，还是经济实力决定一切，怀特方案胜出。1944年7月，“布雷顿森林协定”出台，其中最重要的内容是：各国货币与美元挂钩，年度汇率波动不得超过10%；而美元与黄金挂钩，各国政府可随时以35美元一盎司的官定汇率向美国兑换黄金，这就是著名的“双挂钩”。

### 双挂钩

就是布雷顿森林体系中的美元直接与黄金挂钩，各国货币和美元挂钩的“双挂钩”。

美元与黄金挂钩规定1盎司黄金等于35美元的官定价格，每一美元的含金量为0.888 671克黄金；以黄金为价值基础，各国政府或中央银行可用美元按官价向美国兑换黄金，即美元黄金本位制。各国货币和美元挂钩把美元的含金量作为各国规定货币平价的标准，各国货币与美元的汇率可按各国货币含金量与美元含金量之比来确定，这称为法定汇率。例如，1946年一英镑的含金量为3.58134克，一美元的含金量为0.888671克，则英镑和美元的含金量之比为1英镑相当于4.03美元，这就是法定汇率。

美元等于固定的黄金，这造成了美元霸权。

就这样，美元成为国际市场中独一无二的信用货币。第二次世界大战后，布雷顿森林货币体系带来了战后的金融稳定，促进了商品和资本的跨国流动，从1948年到1976年间，全球贸易稳步增长，年平均增长率高达7.8%。

布雷顿森林体系的最大受益者是美国，因为美国掌控着美元的发行权，在经济不景气的时候，它只需要多印些美元，就可以换取其他国家的商品和服务。美元霸权，大大强化了美国在全球经济中的霸主地位，同时也带来了美元危机的阴影。

20世纪60年代，德国和日本经济崛起，美国经济相对疲软，国际收支急剧恶化。为了刺激经济，美国的印钞机加速了，美元货币量的增长，导致美元贬值，但美元兑换黄金的官定汇率没有改变，于是，各国政府纷纷将外汇储备中持有的美元兑换成黄金，导致美国的黄金储备大幅度下跌，1961年10月，第一次美元危机爆发，国际市场上出现了抛售美元、抢购黄金的风潮。

在马歇尔计划中美国实行“廉价货币”政策，大量美元涌入欧洲，同时美国的国际收支状况恶化，造成美元贬值的压力，动摇了人们对美元与黄金固定兑换比价的信心。

◆ 美国印钞场景

于是，1960年10月，在国际金融市场上人们纷纷抛售美元抢购黄金，引起黄金价格的上升，伦敦黄金市场价格猛涨到约41.5美元/盎司，超过官价18.57%，美元大幅贬值，美元作为布雷顿森林体系所规定的储备货币第一次显示出信任危机。

美元危机是美元相对于黄金的贬值，美元纸币超发。美元危机迫使美元汇价下跌，金价上涨，美国黄金储备受到威胁。

◆ 尼克松

美元危机导致金价上涨，市场汇率迅速飙升到每盎司40美元之上。1971年夏天，国际市场再次掀起抢购黄金的狂潮，法国政府甚至带头用成捆的美元向美国兑换黄金，英国的黄金储备压垮了金库的地板，此时，若继续坚持35美元一盎司的官定汇率，美国的黄金储备必将枯竭。

1971年8月15日，美国尼克松总统宣布实行“新经济政策”其中最重要的一条是：美元与黄金脱钩，史称“尼克松冲击”。

“新经济政策”目的在于对外维持美元的经济霸主地位，对内控制通货膨胀，刺激经济回升。它分四个阶段进行：第一阶段冻结工资和物价，禁止外国用美元兑换黄金并增收10%的进口附加税；第二阶段对工资和物价实行管制，把年通货膨胀率控制在2%～3%，工资增长率不得超过5.5%，同意将美元贬值7.89%，并取消10%的进口附加税；第三、四阶段都以限制工资和物价增长率为目标。1973年又将美元与黄金的比价贬值10%。

该政策对外采取了两项重要的措施：放弃金本位，停止美元兑换黄金和征收10%的进口附加税，从而导致二战后的“布雷顿森林体系崩溃”。

尼克松的新经济政策的核心在于美元与黄金脱钩，布雷顿森林体系崩溃的是货币体系就是双挂钩崩溃，但其他两个还在。

“新经济政策”的实施标志着美元在战后国际金融中的霸主地位的消亡，也是依据凯恩斯经济理论克服经济发展停滞和通货膨胀双重危机的尝试。

世界银行还在，货币远去。

此后，各国纷纷放弃了对美元的固定汇率，改行浮动汇率，1973年，中东石油危机爆发，金价暴涨，美元和黄金彻底决裂，双挂钩的国际货币体系在走完了27年的历程之后，黯然解体。

### 固定汇率制和浮动汇率制

固定汇率制规定在平价上下一定幅度内波动的一种汇率。即一国的货币汇价，应根据国际货币基金组织的规定，在平价上下一定的幅度内波动，当汇价跌到最低限或涨到最高限时，中央银行要进行维持。第二次世界大战后到70年代初，国际货币基金组织的会员国基本上实现这种汇率制。

浮动汇率制不规定上下波动幅度的一种汇率。汇率完全由市场的供求决定，任其自由涨跌，政府不加任何干预。1973年2月美元再次贬值后，多数西方国家货币实行浮动汇率

固定汇率制在二战后世界的贸易中还是起了作用的。全球经济复苏后，固定汇率就不适用了，次贷危机使得固定汇率制崩溃。当时是美国责任大于利润，稳定了二战后的全球经济，恢复了世界经济。同时，美元作为世界货币的好处，就是能转嫁国内通胀。

## 大师的话

谁掌握了货币发行权，谁就掌握了世界。

——亨利·基辛格

NO.10

# 风险的价值

多里奥特，

哈佛商学院的教授，

他对风险情有独钟，

凭借着慧眼和勇气，

他挖掘着风险中的财富，

使风险投资成为一个创造亿万富翁的产业。

GUSHISHI:FENGXIANDEJIAZHI

◆ 哈佛大学

哈佛大学是一所在世界上享有顶尖声誉、财富和影响力的学校，被誉为美国政府的思想库，其商学院案例教学也盛名远播。在世界各研究机构的排行榜中，经常名列全球大学第一位。

哈佛大学建于1636年，比美国作为独立国家的建立几乎要早一个半世纪。建校初始称剑桥学院。1639年，学校更名为哈佛学院。1780年，哈佛学院被马萨诸塞州议会破格升为哈佛大学，此名一直沿用至今。

哈佛大学的毕业生中共有七位曾当选为美国总统。他们是约翰·亚当斯(美国第2任总统)、约翰·昆西·亚当斯（第6任总统）、拉瑟福德·海斯（第19任总统）、西奥多·罗斯福、富兰克林·罗斯福(第32任总统，连任四届)、约翰·肯尼迪（美国第35任总统）、贝拉克·侯赛因·奥巴马（第44任总统）。

迄今为止哈佛大学有33名诺贝尔奖金获得者和32名普利策奖获得者，如萨缪尔森、库茨涅茨、里昂惕夫、莫顿、托马斯·谢林等人。此外，还出了一大批知名的学术创始人、世界级的学术带头人、文学家、思想家，如诺伯特·德纳、拉尔夫·爱默生、亨利·梭罗、查尔斯·皮尔士、罗伯特·弗罗斯特、杰罗姆·布鲁纳、乔治·梅奥等。

我国近代，也有许多科学家和学者曾就读于哈佛大学，如竺可桢、杨杏佛、赵元任、陈寅恪、林语堂、梁思成等人。

美国波士顿，风景如画，这里有一所全球闻名的大学——哈佛大学。哈佛大学不仅是产生思想家最多的大学，而且也是制造亿万富翁最多的大学。1946年，一位哈佛大学教授名叫乔治·多里奥特。他创建的公司，在未来半个多世纪内，让许多创业者成为亿万富翁。

◆ 多里奥特

美国风险投资之父。他有句名言："你最好把钱投给平庸但执行得出色的点子，而不要投给出色但执行得差劲的点子。你可以考虑对一位有二流想法的一流企业家投资，但不能考虑对一位有一流想法的二流企业家投资。"

1899年出生在法国巴黎，21岁时移民美国，后成为哈佛商学院教授，在那里工作40多年。在哈佛，多里奥讲授《制造学》，但向学生灌输他的人生哲学与商业理念，而关于风险投资的讲座被誉为传奇。

二战时从军，任职军需部，大力推广新科技服务军需，被授予陆军准将。1946年，与弗朗德斯等人成立美国研究与发展公司（ARD），这是全球第一家现代意义上的风险投资机构，被资本界视为风投诞生的标志。

起初并不顺利，ARD计划募集约500万美元，只到位350万，到1947年底，投了8个公司，都亏损，再融资，计划400万，仅募到170万。"烧钱"的名声，使其融资困难。

但是多里奥特有美国军方背景和哈弗背景，合伙人中还有经济学家、金融家等，前面提到的弗朗德斯就是他的合伙人，ARD智力密集。通过给予投资公司的智力咨询支持，1951年，所投资的10家公司都实现盈利，开始获得承认。

1957年向DEC公司投资7万美元，并提供了3万美元的贷款，获得DEC77%的股权。这是现代风险投资业具有里程碑意义的一次投资。

1987年，伟大的创投资本之父多里奥特病逝。

这本书，中文版译名是《完美的竞赛》，是哈佛教授多里奥特的个人传记，书中记载了多里奥特制造亿万富翁的传奇故事。多里奥特创立的公司，叫美国研发公司，其主营业务，是帮助新创企业提供启动资金，这就是最早的风险投资公司。

◆《完美的竞赛》

书中总结道：他是个离经叛道的人。他不仅目光长远，而且颇具有行动力；他精力充沛、守纪律，且还有非凡的感召力；他不满足于现状，总是强调创新，积极地把自己的伟大设想付诸实践。

多里奥特公司的宗旨是：帮助新创企业和现有企业成长为有价值的公司。

多里奥特的经营理念在当时被认为是愚蠢至极，他起初的经营也并不理想。多里奥特早期进行的投资多数都打了水漂。

真正让商业社会对他另眼相看的，是他对美国数据设备公司的投资。

◆ 多里奥特在公司和众人在一起

提出了风险投资的理论，是最早的，虽然不是最成功的。

多里奥特早期公司的状况——

美国研究和开发公司（American Research and Development，ARD公司）是现代股权投资基金的鼻祖。ARD在12月底出售了约14万股股票，筹到了约350万美元，在1946到1949年，ARD先后投资了多家公司，但收益却十分不理想，我们通过下面这个表来看看这几年的投资情况概述：

| | | | |
|---|---|---|---|
| 1946年 | Circo products 公司 | 15万美元 | 亏损3.7万美元 |
| | 高压工程公司 | 20万美元 | |
| | 同位素示踪实验室公司 | 15万美元 | |
| 1947年 | 贝尔德公司 | 22.5万美元 | 亏损5.5万美元 |
| | Jet-Heet公司 | 20.1万美元 | |
| | 斯奈德化学公司 | 5.225万美元 | |
| | 寇尔特公司 | 35万美元 | |
| | 弹性管道公司 | 4.5万美元 | |
| 1948年 | 小岛罐头公司 | 25万美元 | 亏损4.4万美元 |
| | 气动设备公司 | 30万美元 | |
| | 莫尼克公司 | 5万美元 | |
| 1949年 | Berry motors公司 | 10万美元 | 亏损3.8万美元 |
| | 埃克斯米特 | 5万美元 | |

1957年4月22日，一个叫做奥尔森的青年给美国研发公司提交了一份商业策划书并附带写了一封信，信中说到他们计划生产一种新型电脑，不但体积小，价格低，而且运算速度极快，这是其他电脑无法比拟的。而在当时，IBM生产的电脑是一个庞然大物，一台电脑要占整整一个房间。

---

◆ 肯·奥尔森

创办DEC，开拓了小型机产业，被称为“小型机之父”，并领导DEC公司从10万美元起步成长为市值超过200亿美元的国际大公司，业务遍布100多个国家。整个80年代，DEC是业内仅次于IBM的第二号巨头。DEC头35年的历史完全是奥尔森个人的历史。

奥尔森出生于美国康涅格狄州。奥尔森的父亲从小就培养孩子们在机械和电学方面的兴趣，希望他们将来也能像自己一样成为一名工程师。奥尔森和他的弟弟经常发明一些设计精巧的小机械或帮邻居修理坏了的收音机。当奥尔森14岁时，他两人装了一个无线电发射机并在当时的火车站试用，同时还唱了一首他们自己写的歌。奥尔森兄弟日后都成为了工程师。

奥尔森是个清教徒，不喝酒，不抽烟，也不发誓，并且尽量避免社交集会。

1947年，奥尔森进入麻省理工学院，几年后获电气工程学士和硕士学位。

1957年，创办数字设备公司（DEC）并担任总裁，直到1992年退休。1992年，创办AMS公司，任主席。

奥尔森在1977年说：“我们没有理由认为人们会需要家用电脑。”被称为PC革命最大的反讽语录（个人计算机一词源自于1981年IBM的第一部桌上型计算机型号PC）。

IBM于1911年6月在宾厄姆顿西几英里处的纽约恩迪科特作为CTR公司注册。列表机公司、计算表公司和国际时代唱片公司合并建立了CTR公司。1917年，CTR以国际商用机器有限公司进入加拿大市场，1924年2月改名为国际商用机器公司（IBM）。

◆ IBM公司

CTR制造各种产品，包括员工计时系统、磅秤、自动切肉机，而且最重要的是发展计算机、穿孔卡片设备。一段时间CTR集中精力专做穿孔卡片，创立时的主要业务为商用打字机，及后转为文字处理机，然后到计算机和有关服务。

IBM在1932年投入巨资100万美元建设第一个企业实验室，这个实验室在整个30年代的研发让IBM在技术产品上获得领先。在整个经济大萧条期间，IBM一直在研发和新产品上投资，它的产品比所有其他公司都更好、更快、更可靠。

1935年时IBM的卡片统计机产品已经占领美国市场的85.7%，IBM公司因卡片机的大量销售而积累雄厚的财力和强大的销售服务能力，为以后成为计算机领域的主宰奠定了重要的基础。

IBM是全球最大的信息技术和业务解决方案公司，目前拥有全球雇员30多万人，业务遍及160多个国家和地区。

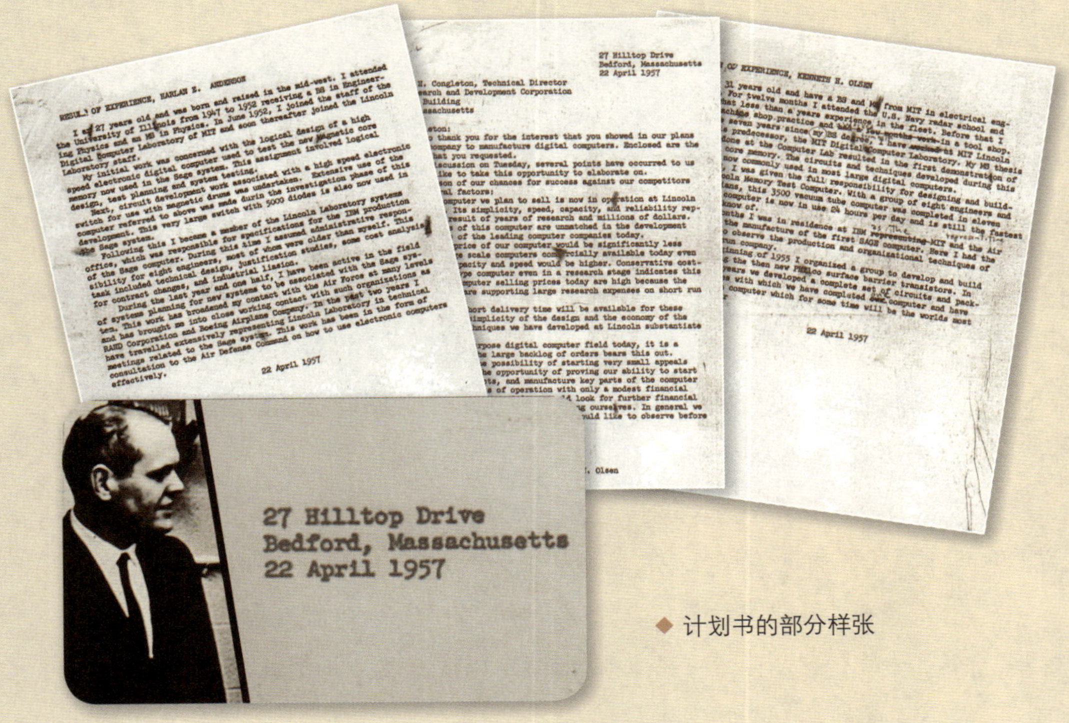


◆ 计划书的部分样张

奥尔森坚信，他们的电脑有着巨大的市场潜力，目前只缺少一笔启动资金。多里奥特详细阅读了这份商业计划书，他对奥尔森的创意非常欣赏，但他也深知，这笔投资的风险极高。因为这个年轻人要挑战的，是电子行业当时的巨无霸——IBM。IBM在当时的数据设备市场上占了80%的市场份额。投资的风险是巨大的，但市场的诱惑也同样巨大。

◆ 奥尔森和多里奥特

当时，知道风险投资概念的人寥寥无几。人的天性是厌恶风险，所以投资理应规避风险，而多里奥特却主动追逐风险，尤其对那些未来收益极不确定的高科技产业，他情有独钟。

经过一番深思熟虑，多里奥特决定投资10万美元，这是他在1957年所做的唯一的一笔投资。

1957年8月，奥尔森的美国数据设备公司成立，简称DEC。

◆ DEC初期股东

1957年8月，奥尔森的DEC公司成立，融合了资本和技术。1962年，DEC的第一批命名为PDP-1的电脑出产，一举轰动整个市场，DEC公司也借此成为美国研究公司旗下最有价值企业。1966年，新产品PDP-8问世，价格便宜，可以放在办公桌上，价格只有18000 美元，远远低于IBM和其他计算机公司产品的价格。

这是DEC 公司历史上一个重要的转折点。PDP-8 型计算机获得了巨额利润，公司股票在华尔街公开上市，每股17 美元，奥尔森拥有13%的股票，价值700 多万美元，不仅仅让奥尔森成了百万富翁，更使得DEC成为IBM最大竞争对手。

到1968年时，美国研究与发展公司所控股的DEC股份价值达到3.55亿美元。

DEC上市后， 利用募股资金实现了更大的发展，每年的销售收入以30%-40%的速度增长。1970 年，DEC 公司又推出自己的第一台16 位小型机PDP-11/20，标价仅10800 美元，销售火爆，被美国工业研究所评为“1970 年最有影响的技术产品”。到1972年，25 万台PDP-11 已销售一空。PDP-11 后来发展出成系列的20多种产品，因而被称为小型计算机工业的典范，成为小型计算机设计的样板。

80 年代，DEC 公司进入鼎盛时期。到80 年代末，DEC的年销售收入达到130 亿美元，纯利润达11 亿美元，在全世界设立了500 多个分公司，雇员超过13 万人，成为美国马萨诸塞州和新罕布什尔州最大的雇主。

然而，事情并不会一如所愿地进行着。1989 年，VAX 9000 遭受市场挫折。1992 年公司损失20 亿美元，奥尔森不忍心大幅裁员，于是摘掉总裁和董事长的头衔，离开了DEC。

在1998年DEC因为财政危机而被康柏以96亿美元的价格所收购。6月，DEC公司正式在纽约证交所摘牌。

1962年，DEC的第一批电脑问世，轰动市场，当年净利润80万美元，此后公司盈利逐年上涨。1966年8月16日，DEC登录美国纽约股票交易所，每股22美元，多里奥特的美国研发公司共持有175万股，总市值3850万美元。

◆ 1963年的一个计算机模型

投资数据设备公司的成功，不仅让多里奥特获得了巨额财富，而且让他名声大噪，被后人尊称为“风险投资之父”。

成就多里奥特的，就是风险财富的理念。财富与风险，就像一枚硬币的两面，而风险投资就像抛硬币一样，成功则获利丰厚，失败则血本无归。

从起始投资到公司上市，多里奥特仅仅用了9年时间就获得了近400倍的收益，这样的传奇故事吸引了众多追随者。于是，各路资金纷纷涌入高科技产业，渴望也能像多里奥特一样发现金矿。然而，奇迹很难经常发生。并非人人独具慧眼，人们发现优秀的投资人也像优秀的企业家一样稀缺。于是，一个新型产业应运而生，这就是风险投资业。

## 风险投资

是指具备资金实力的投资者对具有专门技术并具备良好市场发展前景但缺乏启动资金的创业家进行资助，帮助其创业，并承担创业阶段投资失败风险的投资。

风险投资偏好高风险项目，追逐高风险后隐藏的高收益。其特点包括：以投资换股权，积极参与对新兴企业的投资；协助企业进行经营管理，参与企业的重大决策活动；投资风险大、回报高；由专业人士周而复始地进行各项风险投资；追求投资的早日回收，而不以控制被投资公司所有权为目的。

风险投资具有高风险、高潜在收益的特质。风险投资是由职业金融家投入到新兴的、迅速发展的、具有巨大竞争潜力的企业中一种权益资本。风险投资中投资家投入的资金换得企业的部分股份，并以日后获得红利或出售该股权获取投资回报。

风险投资的特色在于甘冒高风险以追求最大的投资报酬，并将退出风险企业所回收的资金继续投入类似高风险企业，实现资金的循环增值。例如：黑石和红杉。

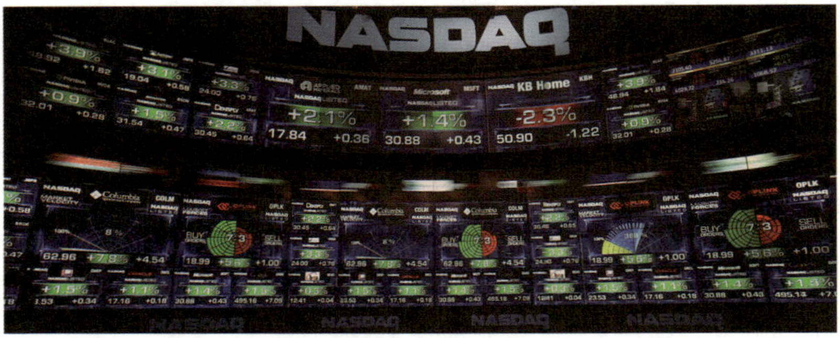


◆ 纳斯达克市场

风险投资人的职业就是投融资，他们一手募集资金，一手寻找机会，通过专业研究去发现有成长潜力的企业，再通过股权投资参与企业的经营管理，让被投资企业克服资金瓶颈，迅速实现成长。

投资的职业化让美国的风险投资产业迅速崛起，在60年代进入了第一个黄金时期。1968年，美国的风险投资公司超过了1000家。

风险投资家面临的最大风险就是能否将投资及时兑现为收益。然而像DEC这样，能够迅速达到纽约股票交易所上市标准的企业，屈指可数，如凤毛麟角。这就成为风险投资业发展的最大障碍。

这个障碍终于在1971年被打破，专注于为高成长企业融资的纳斯达克市场正式开盘了。和纽约股票交易所相比，纳斯达克市场的上市条件极为宽松，因此风险投资形成了一条从进入到退出的产业链，纳斯达克市场成为风险投资最主要的退出平台。

## 大师的话

人生要不是大胆地冒险，便是一无所获。

——海伦·凯勒

# NO.11 失去的十年

快速升值的日元，

带来了股市与楼市的飞涨。

为了追逐虚拟财富，

资本逃离了实体经济，

留给日本经济的，只有失去的十年。

GUSHISHIYI：SHIQUDESHINIAN

◆ 洛克菲勒中心

美国洛克菲勒中心是一个由19栋商业大楼组成的建筑群，占地89030.84平方米，在曼哈顿的中城，东西走向，从48街到51街，占了三个街区，南北走向，从第五大道到第七大道，占了三个纵向街区，在全世界大都会中有这样庞大的建筑群，除了皇宫之外，恐怕很少见了。

这个建筑群是由洛克菲勒家族投资兴建的。这个建筑在1987年被美国政府定为“国家历史地标”，这是全世界最大的私人拥有的建筑群，也是标志着现代主义建筑、标志资本主义的地标物。洛克菲勒中心的命名，是纪念洛克菲勒的老板小约翰·戴维森·洛克菲勒，他在1928年把这批属于家族所有的土地出租给纽约的哥伦比亚大学，1930年，他开始筹划在这里建造一栋大楼，当初是准备为大都会歌剧院建造一栋歌剧院建筑的，但是，由于20世纪30年代的经济大危机和股市崩溃，小约翰·洛克菲勒改变了初衷，不再投资给歌剧院，而开始投资建筑这个建筑群，以商业大楼为主。1989年日本三菱土地公司以13.73亿美元的高价收购洛克菲勒中心的14栋办公大楼，按当时1美元兑160日元的汇率计算，三菱土地公司的投资额为2188亿日元，成为泡沫经济时代日本进军海外地产的经典之作。其收购完成后，由于曼哈顿地产不景气，5年后，它的租金收入只有原先设想的一半。1995年三菱公司无奈亏本低价卖出其中的12栋办公大楼。由于日元升值，1美元兑80日元，加上汇兑损失，三菱土地公司的这一收购项目总计亏损高达880亿日元。

洛克菲勒中心，位于纽约市曼哈顿第五大道，它以美国石油大亨洛克菲勒的名字命名，是美国的地标建筑之一，也是财富和权势的象征。然而，在20世纪80年代，洛克菲勒中心被日本三菱公司收购，当时有媒体惊呼：日本入侵。

◆《向日葵》

《向日葵》是荷兰画家梵高绘画的一系列静物油画。当中有三幅绘有十五朵向日葵，另有两幅绘有十二朵向日葵。1987年3月，当时任安田火灾海上保险代表取缔役的后藤康男在伦敦佳士得拍卖公司主持的拍卖会上，以近4000万美元的天价标得《花瓶里的十五朵向日葵》，成为当时世界上最贵的画，使得对美术没有兴趣的人因此都认识《向日葵》系列画作。

文森特·梵高（Vincent van Gogh），1853年3月30日至1890年7月29日，出生在荷兰一个乡村牧师家庭。他是后印象派的三大巨匠之一。堪称梵高化身的《向日葵》仅由绚丽的黄色色系组合。梵高认为黄色代表太阳的颜色，阳光又象征爱情，因此具有特殊意义。对于梵高而言，向日葵这种花是表现他思想的最佳题材。

这是荷兰画家梵高的名作——《向日葵》。1987年3月，在伦敦佳士得的拍卖会上，一家日本企业以将近4000万美元拍得这幅名画，刷新了梵高作品的拍卖纪录，世界为之震撼。

◆ 名画拍卖现场

在1985年到1990年间，许多世界名画的拍卖价格都被刷新了，而买主几乎都是日本人。这仅仅是日本大量收购海外资产的著名案例。日本居民和企业收购海外资产的直接原因是日圆的大幅度升值，这开始于1985年的一次秘密会议。

◆ 竹下登

1985年9月22日清晨，一位日本官员身着高尔夫球装登上了前往纽约的飞机。他就是时任日本大藏大臣的竹下登。当时的大藏大臣，掌管着财政、税收和金融，是日本经济事务的核心决策者。竹下登此行的目的是参加一个重要的国际会议，参会者还有美国、德国、法国和英国的财政部长。

在会议上，五国财长达成了一系列协议，其中最重要的一条，就是联合干预外汇市场，让美元对主要货币有序贬值。由于会议的地点是在纽约的广场酒店，这个协议就被媒体称为“广场协议”。

◆ 广场协议签署会议

1985年9月22日，美国、日本、联邦德国、英国和法国（即G5集团）财长以及中央银行行长，在美国纽约广场饭店举行会议，达成“广场协议”（Plaza Accord）。内容包括抑制通货膨胀、扩大内需、减少贸易干预，五国政府联合干预外汇市场，诱导美元对主要货币的汇率有秩序地贬值，以解决美国巨额贸易赤字问题。

《广场协议》签订后，签署该协议的五国开始联合干预外汇市场，在国际外汇市场大量抛售美元，继而形成市场投资者的抛售狂潮，导致美元持续大幅度贬值。1988年与1985年相比，主要货币对美元的升值幅度大约分别为：日元86.1%，德国马克70.5%，法国法郎50.8%，意大利里拉46.7%，英国英镑37.2%，加拿大元近11%。

由于汇率的剧烈变动，由美国国债组成的资产发生账面亏损，因此大量资金为了躲避汇率风险而进入日本国内市场。当时日本政府为了补贴因为日元升值而受到打击的出口产业，开始实行量化宽松政策，于是产生了过剩的流通资金。广场协议签订后不到3个月的时间里，日元兑美元迅速升值到1美元兑200日元左右，升幅20%。1986年1月，日经225指数拉开了四年大牛市的序幕，起点为13000点，到年末升至16400点，相比1983年的平均水平升幅近一倍之多，到1987年底股价指数突破2万点。1988年东京股市总成交额为286万亿日元，总市值为477万亿日元，分别为纽约证券交易所的1.6倍和1.5倍。到1989年底日经指数达到的38957.44点的历史高点，日本股票总市值为GDP的1.6倍，占全球股市市价总额的42%，股价平均市盈率也达到了250倍的惊人水平。

为了防止美元过多过快地贬值，1987年2月22日，在法国巴黎的卢浮宫召开了七国财长会议，决定保持美元汇率在当时水平上基本稳定，史称《卢浮宫协议》（Louvre Accord），《广场协议》被取代。

◆ 纽约广场酒店

广场协议签署的背景：二战结束以后，美国为了巩固自己的全球霸主地位，为冷战战略服务，积极扶持作为战败国日本的经济发展。同时，为了尽快从废墟中爬起来，日本政府推行了“产业优先、发展优先、富国富民”的方针。从1953年到1979年，日本工业平均年增长率为10.9%，日本国民生产总值排名仅次于美国。与此同时，美国经济却面临着经济萧条，贸易赤字和财政赤字的双重压力。面对双赤字，里根政府采取维持高利率的宏观经济政策，但是高利率进一步加剧了美元的强势，使美国的出口制造业在国际市场上始终处于劣势。美国自1982年经常项目连续出现赤字，到1984年对外贸易赤字达到

1224亿美元，其中对日本的贸易逆差约占50％。在此之前的1980年到1988年之间，日本在美国的直接投资增长了10倍，拥有2850亿美元的直接资产和证券资产，控制了超过3290亿美元的美国银行业资产等，日本积累起的巨额经济财富让日本成了世界级的银行家，而同时美国失去了世界放贷者的地位，为此，美国许多制造业大企业、国会议员等相关利益集团强烈要求政府干预外汇市场，促使日元升值，以挽救日益萧条的美国经济。

“二战”结束后，日本国民财富损毁45%，国内经济严重衰落。然而，日本经济很快得到恢复，接着又连续实现了20多年的经济高速增长。1945年到1951年日本经济增长率年均9.9%，1951年到1955年年均8.7%，1955年到1972年年平均达到9.7%，1970年到1980年均年增长4.5%。

随着经济快速增长，日本人均国民收入迅速增长。1947年，日本人均国民收入仅为89美元，1955年为209美元，1960年为431美元，1965年为890美元，1970年上升到1940美元，到1980年达到10440美元，1988年日本人均国民生产总值高达23570美元，超过美国人均21620美元的水平。

在广场协议签订之前，日本经历了长达20多年的高速增长，经济总量跃居全球第二。当时的日本依靠廉价的日元和高超的工艺，让“日本制造的产品”畅销世界，成为当时最大的贸易顺差国。由于美元大量流入日本，日本的外汇储备大量投资债券。到1985年，日本取代美国，成为全世界最大的债权国。而美国的外贸赤字却在不断扩大，所以，美国希望通过美元贬值来增强美国产品的出口竞争力，并改善美国的国际收支状况。

在广场协议签订后，不到3年的时间，日元仿佛坐上了火箭，从1美元兑250日元，一路飙升到1美元兑120日元。当时的日本，已经度过黄金十年，完成了国民收入倍增计划。在宽松的货币政策刺激之下，日本城市化的进程显著加快。

◆ 日本加速城市化建设

城市化，又称城镇化、都市化，是指伴随着工业化进程的推进和社会经济的发展，人类社会活动中农业活动的比重下降，非农业活动的比重上升的过程，与这种经济结构变动相适应，使得乡村人口与城镇人口的此消彼长，同时居民点的建设等物质表象和居民的生活方式向城镇型转化并稳定，这样的一个系统性过程被称为城镇化过程。城市化水平是衡量一个特定区域内城市化发展程度的数量指标，它的具体计算一般使用一定地域内的城市人口占总人口百分比来表示，数值越高，城市化水平越高。

早在原始社会向奴隶社会转变的时期，就出现了城市。但是，在相当长的历史时期中，城市的发展和城市人口的增加极其缓慢。直到1800年，全世界的城市人口只占总人口的3%。只是到了近代，随着产业革命的掀起，机器大工业和社会化大生产的出现，资本主义生产方式的产生和发展，才涌现出许多新兴的工业城市和商业城市，使得城市人口迅速增长，城市人口比例不断上升。从1800年到1950年，地球上的总人口增加1.6倍，而城市人口却增加了23倍。

城市化程度是一个国家经济发展，特别是工业生产发展的一个重要标志。由于自然条件、地理环境、总人口数量的差异和社会经济发展的不平衡，各国城市化的水平和速度相差很大。经济发达的工业化国家的城市化程度要远远高于经济比较落后的农业国家。1980年，发达地区国家的城市人口的比例平均为70.9%，其中，美国为77%，日本为78.3%，联邦德国为84.7%，英国为90.8%，加拿大为75.5%。而发展中国家的城市人口比例平均为30.1%，其中不少国家低于20%。

1956年至1973年是日本工业发展的黄金时期，18年间工业生产增长8.6倍，平均每年增长13.6%。1955年城市人口比例升至56.1%，农业人口下降至41%，在1963年至1973年的十年间，农村平均每年向农外部门提供80万个劳动力，将近60%的劳动力在第二和第三产业工作。1960年至1970年间的城市化水平以年均2.51%的速度增长，是整个国家增长速度的两倍多。到1970年，72.1%的日本人口居住在城市中。城市化率从1950年的37%上升到1977年的76%。20世纪70年代，日本经济增长放慢，进入后工业化时代，城市化率进一步增大，到2005年，日本生活在城市的人口超过86%。近年来，由于日元升值，为规避风险，很多产业转移海外，第三产业和新兴产业支撑着人们的就业和生活，日本城市化进入饱和阶段。

---

日元对外升值，本土货币宽松，这直接驱动了日本海内外的投资风潮。在海外大量收购资产，在本土投资股市楼市，两大超级泡沫腾空而起：股市日经指数从一万多点冲高到四万点以上；楼市更是一片喧嚣，在最疯狂的时候，仅东京一个城市的土地价值，就相当于美国全国的总地价。日本经济，在资产泡沫和城市化的喧嚣中再一次进入了一个高速增长的时期。而代表日本签订广场协议的大藏大臣竹下登，也在1987年荣登内阁首相的宝座。

宽松的货币带来了通货膨胀，日本政府开始实行紧缩的货币

◆ 上世纪八十年代日本经济持续泡沫化

政策。在1989年到1991年之间，日本央行连续五次提高利率，并收紧银根，抑制投机，两大泡沫应声破裂。股市在1989年到1990年间，暴跌超过70%；楼市，在1990到1992年间，也暴跌超过了70%。

日本经济从此告别了高增长的时代。而此时的竹下登，也已无力回天。在1989年，他因为一次政治丑闻，黯然下台。1995年，由于经营不善，当年收购的洛克菲勒中心又被低卖回给美国人。当年日本人收购的名画，有许多甚至还没有开箱，就被重新运回到拍卖场。

1990年前后，被认为是日本经济盛极而衰的拐点，此后日本形成了一个低增长、低利率、高负债的模式，被后人称为“颓废的十年”。而当年因日元升值而大量购入的海外资产却成为日本经济的一大支柱，所以，就有了今天的两个日本的说法。

一个是长期低迷的日本本土经济，另一个是日本国民的海外资产不断向本土汇回收入。时至今日，日本国民拥有的海外资产及汇回收入仍高居世界第一。

◆ “两个日本”



日本政府在2000年颁布战略指出，2005年至2030年是日本自贸易顺差国向逆差国转变的阶段。日本应在此期间完成自“贸易立国”向“投资立国”的演变，即通过由国家海外资产利益和分红收益组成的所得收支盈余来作为经济基础，成为成熟的债权国。提高对外直接投资的比重，以与美国在经济全球化进程中深层博弈。进入新世纪后，日本对外直接投资高幅增长达到15%以上。现在，日本的海外投资已经构成了“第二个日本”。

2007年日本的对外净资产为250.221万亿日元，约合2.45万亿美元。2008年，日本经济产业省发布了一份《海外投资法人调查表》。调查结果显示，当年日本海外制造业企业共计完成销售额7530.41亿美元，其中在本地销售5262.79亿美元，相当于日本出口额的62.61%；向日本出口721.76美元，相当于日本进口额的9.06%；向日本以外的第三国出口1545.87亿美元，相当于日本出口额的18.39%。包括制造业与非制造业(农林渔业、矿业、建设业、情报通信业、运输业、批发零售业与服务业等)在内，日本海外企业共计1.4857万家、从业者474.6145万人，2008年完成销售额236.21万亿日元，约合2.57万亿美元。与日本国内主要产业销售额1508.21万亿相比，所占比重为15.66%。日本海外企业的销售额与德国的国内生产总值相当，并且数字中并没有包含日本对外投资的重要部分——其在海外的金融业与不动产业。截至2011年年底，日本持有253万亿日元（约合3.19万亿美元）的海外资产，仍为世界最大债权国。日本2010年年底海外资产净值为251万亿日元。在2011年，日本海外净资产占其国内生产总值(GDP)的54%，仅次于中国香港和瑞士。

多年来，日本经济泡沫的升腾和破灭，像谜一样困扰着人们。有人归咎于广场协议带来的日元升值和资本外流，有人解读为投机资本和泡沫破灭带来的盛极而衰，也有人认为，这就是一种经济发展模式的必经历程。

**大师的话**

泡沫只有在破灭后，才知道是泡沫。

——格林斯潘

# NO.12 八佰伴倒闭

*阿信的坚韧，*

*书写了八佰伴聚沙成塔的传奇。*

*资本的力量，*

*成就了八佰伴零售业巨头的地位，*

*然而过度的负债，*

*埋下的却是毁灭的种子。*

GUSHISHIER:BABAIBANDAOBI

◆ 上海浦东新区

上海浦东新区，是中国经济最具活力的区域，在浦东南路与张杨路的交汇处，矗立着一座大型商厦，上海第一八佰伴，它是中国第一家中外合资大型商业零售企业，其外资股东，曾经是日本的八佰伴国际集团。1995年12月20日，上海“第一八佰伴”试营业，当天人潮涌动，共有107万消费者进场参观购物，刷新了世界吉尼斯纪录。此时却很少有人知道，远在日本的八佰伴国际集团已深陷于债务危机之中。

◆ 上海第一八佰伴

日本电视连续剧《阿信》，在20世纪80年代被引进中国，曾经引起轰动。阿信的勤劳、坚韧和聪慧，感动了无数人。而阿信的原型，正是八佰伴的创始人——和田加津。而真正让八佰伴成长壮大起来的，是她的大儿子——和田一夫。

◆ 和田加津

《阿信》讲述了日本著名的百货连锁企业八佰伴创始人艰苦的过程。她从最底层做起，历尽艰辛，终于获得了成功，正是千千万万个阿信，使日本成为世界经济强国。其生活原型就是八佰伴的创始人——和田加津，是“八佰伴的灵魂人物”。

◆ 和田一夫

1962年，和田一夫留学归国，从父母手中接过了八佰伴。此时的日本经济已经进入高速增长阶段。经济的城市化驱动零售业的高速扩张。和田一夫将八佰伴从一个小小的夫妻店改造为一个商业零售连锁企业。1986年，八佰伴在东京证券交易所成功上市。此时，正值日本泡沫经济膨胀，楼市和股市大幅度升温，和田一夫敏锐的抓住了时机，通过举债扩张的经营模式，在日本零售业异军突起。当时，大多数日本企业的融资，还是通过银行获得贷款。

## 日本的主银行制度

主银行制度指的是对企业实行主要往来银行制，与企业形成这种交易关系的银行就是主银行，企业与特定的银行之间是长期且稳定的交易关系。曾经是日本银行制度和企业制度的一大特色。主银行有以下 4 个特征：(1)对于企业来说，持有客户企业的大股东是主银行。同时，对于主银行来说，一般不会持有与自己没有业务或交易关系的企业的股份。(2)主银行向客户企业提供系列贷款，包括短期贷款和长期贷款。主银行向企业提供占有绝大份额的贷款，也因此承担相当大的贷款损失责任。一旦企业不能如期归还贷款、或者出现坏帐时，主银行还要分担其他金融机构的贷款损失。(3)主银行向客户企业派遣董事或经理。具体分为两种情况：正常情况下——以大股东的身份派遣董事或者经理到客户企业；企业出现问题时——派遣人员接管企业。(4)主银行管理客户企业的结算账户。主银行几乎都是所属企业的结算银行，负责企业的账户管理、现金支付和结算。

日本的主银行制度是在银行清理企业不良债权的过程中建立起来的。主银行制对于二战后日本经济的高速增长发挥了极为重要的保证作用。在经济复兴和经济高速成长时期，日本的资金始终是相当紧张的。因而，确保企业设备投资及其他资金的来源，是一个决定企业发展的根本性问题；而通过与银行建立良好的合作关系，企业庞大的资金需求就可以稳妥地得到解决。日本主银行制度体现了银行和企业之间密切的联系。曾经靠着这样紧密的银企关系，日本经济创造出“高度经济成长期”的奇迹，主银行的效用不容否定。

主银行制度发挥良好作用必须要有经济增长这个外部条件的配合。经济增长，则企业与主银行之间形成资金需求和供给的良性循环：经济增长——企业经营良好——主银行获得持股企业的股票溢价收益和贷款利息——支持企业投资——企业和银行共同收益，两者就是这样相互促进，共同发展。而若经济萧条，企业与银行会产生不良债权的恶性循环：经济不景气——大量企业陷入经营困境——银行无力救助——企业危机——银行危机——企业与银行共同萧条。

1973年开始，以两次石油危机为标志，初级产品价格迅速上升；日元在国际社会的压力下，开始逐步升值；一向严格的外汇管理制度也发生松动；20世纪60年代末期，由于经济实力下降，美国也开始对日本经济施加各种压力。这些，使得以外贸为主的日本企业面临新的挑战。在这种局面下，日本企业开始实行改革，一向以模仿为主的日本企业就需要不断创新，而创新不免会带来风险。然而，对倾向追求稳定的银行，并不情愿对企业的高风险事业投入资金。这样，主银行制度便对企业的发展造成了限制。20世纪70年代后期，银行对企业经营的制约力逐渐加大。

与此同时，由于经济高速发展，日本的股票市场有了长足发展，股票价格在一段较长的时期中不断升值。这使得企业通过证券市场筹集资金不仅有了可能，而且能得到低成本的利益。日本企业有了新的有利可图的筹资渠道。企业的创新驱动和银行稳健风格的矛盾，股票市场的发展，以及金融业的迅速国际化，从主客观两方面弱化了主银行制度。

主银行制度在1992年开始的泡沫经济中，受到进一步的冲击。首先，银行掌握着企业的股票，在股票市场飙升时，固然有丰厚的资产溢价收益；但当股票市场全面跌落时，银行也会受到不利的影响。其次，在日本，对企业的贷款都是有抵押的。作为抵押品的主要财产就是房地产。当时的日本银行认为以房地产作为抵押，银行的贷款是最安全和收益最高的。因此，银行在审查贷款时，对于以房地产为抵押的贷款，通常都是批贷。但是，为房地产价格飙升的现象所迷惑，人们往往看漏了宏观和微观的巨大区别。从微观上说，以房地产为贷款的抵押品，无疑是比较安全的；但是，从宏观上看，一旦房地产价格超出了经济可以承受的程度，整个房地产市场就会迅速下泻，而且在短期内很难回升。

从1970年代后期开始，日本银行的烦恼在于向优良制造业企业的融资案件，于是开始倾向于不动产、零售业、个人住宅等融资；1980年代以来，全球性的通货紧缩形成了股票市场的上升通道；1985年到1988年期间，随着日元急速升值，日本企业的国际竞争力虽有所下降，但是国内的投机气氛依然热烈。1987年，投机活动波及所有产业，当时乐观的观点认为只要对土地的需求高涨，那么经济就不会衰退，而且市场也鼓励人们不断购买股票，声称股票从此不会贬值。

◆ 早期的八佰伴

八佰伴于1930年由农民出身的和田良平创办，原只是一家售卖蔬果、调味品的杂货铺。在日语中，“八佰屋”即“菜店”的意思。取名“八佰”，表示该菜店是老和田与女儿和田加津靠一杆秤行街叫卖、白手起家。“八佰伴”的“伴”字，取自和田加津父亲和田伴一郎中的“半”字，中文译名为“八佰伴”。第二次世界大战后逐渐扩展成日本一家连锁超级市场集团，分店集中于静冈县，并于东京证券交易所上市。其后八佰伴积极进军海外市场，1971年进军巴西，1973年则在新加坡开设百货店。1976年在美国及哥斯达黎加开设零售店。1984年在香港开设首店。1985年在马来西亚开店，1986年在汶莱开店，1988年在泰国开店。1992年在澳门新口岸开店，1993年在加拿大温哥华及英国开店。1990年代，八佰伴大幅扩展其海外业务，在中国内地开设多家分店，全盛期在世界16个国家共有450家分店。1995年在上海开设亚洲其中一家面积最大的百货店上海第一八佰伴。八佰伴在上海拥有三大公司：第一八佰伴、八佰伴联农超市、八佰伴南方商城。1996年，八佰伴国际集团宣布将其总部迁往上海。由于扩展过速，加上1997年亚洲金融风暴的影响，及日本泡沫经济破灭后的调整等多项因素影响下，八佰伴于1997年9月18日在日本通过会社更生法申请破产，当时其负债高达1610亿日元，是当年日本最大的零售业破产事件。

但和田一夫认为，银行贷款效率低，利率高，所以他要甩开银行，选择了一条捷径，利用其作为上市公司的优势，发行可转换公司债。

可转换公司债，就是债券持有人，在债券到期的时候，可以根据事先约定的价格，将债券转换为公司股票。如果在转换期，公司股价高于事先约定的价格，债权人当然愿意将债券换成股票。这样，公司的债务就变成了不用归还的股本，财务负担大大减轻。由于有选择权，可转换公司债的利率，比银行的贷款利率要低很多。

### 可转换公司债券

一种被赋予了股票转换权的公司债券，也称可转换债券。发行公司事先规定债权人可以选择有利时机，按发行时规定的条件把其债券转换成发行公司的等值股票（普通股票）。可转换公司债是一种混合型的债券形式。当投资者不太清楚发行公司的发展潜力及前景时，可先投资于这种债券。待发行公司经营业绩显著，经营前景乐观，其股票行市看涨时，则可将债券转换为股票，以受益于公司的发展。对股份公司来说，发行可转换债券，可以在股票市场低迷时筹集到所需的资金；可以减少外汇风险，还可以通讨债券与股票的转换，优化资本结构；甚至可获取转换的溢价收入。对投资者来说，投资者购买可转换债券，可以使手上的投资工具变得更加灵活，投资的选择余地也变得更加宽阔，如投资者既可持有该债券，获取债息，也可在债市上转手，既可以在一定条件下换成股票，获取股息，红利，也可以在股市上买卖赚取差价。因此，该债券对投资者具有很大的吸引力。这种公司债券最早出现在英国，目前美国公司也多发行这种公司债。日本于1938年“商法”改正后，一些公司开始发行这种债券。由于可转换债券具有可转换成股票这一优越条件，因而其发行利率较之普通债券为低。

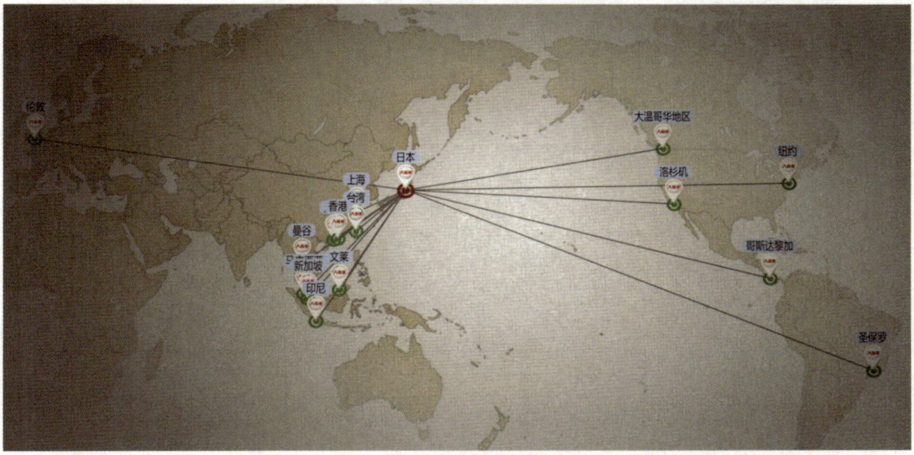


◆ 八佰伴全球扩张

伴随着日本股市的繁荣，八佰伴轻而易举地发行了600亿日元的可转换公司债券。举债扩张的商业模式让八佰伴在日本市场获得了成功，也让和田一夫信心倍增，开始冲出日本，走向亚洲，全力实施其亚洲战略。

1990年5月，和田一夫将八佰伴国际集团的总部迁往香港，此后短短一年半的时间内，八佰伴在香港连开五家分店。

1992年年初，和田一夫计划在香港开他的第六家分店。此前，八佰伴开店，都是租赁店面。在这个时候，由于日元大幅度升值，日本人竞相购买海外资产。和田一夫因此决定，这次开店他要投资购置自己的店面。

和田一夫一次性投入13亿港元，买下了八佰伴的第一项不动产——香港汇景广场。汇景广场店，是八佰伴第一个用自有物业开设的分店。

然而，此时的日本经济已经盛极而衰。股市崩盘，房价暴跌，居民的购买力急速下降，而和田一夫却逆市扩张，铤而走险，不禁未能及时收缩战线，反而大举海外扩张。和田一夫试图用海外业务的发展，弥补国内市场的收缩，他在举债扩张的道路上越走越远。

八佰伴的注册资本结构为上海第一百货占45%，日本八佰伴占19%，香港八佰伴占36%。日本八佰伴于1998年倒闭后，中方收购了日本八佰伴持有股权，以‘第一八佰伴’的名称继续经营。2003年，百联集团接收了香港八佰伴持有的股权。八佰伴日本公司主管八佰伴集团的日本国内事业以及在欧美、东南亚等地区的海外投资，拥有26家店铺，由八佰伴集团董事长、任八佰伴国际流通集团总裁的和田一夫的第四个儿子和四米正担任总裁，八佰伴日本公司宣布破产前的总负债额为1613亿日元（折合约13亿多美元）。

1984年，八佰伴在香港开设首家百货店，设于沙田新城市广场，其后亦在红磡黄埔花园、屯门市广场、荃湾悦来坊、元朗大兴大厦及嘉湖新北江商场、蓝田汇景花园、将军澳厚德邨、及马鞍山新港城中心等地开设分店，最高曾有8家分店。和田一夫在香港开设及收购多家上市公司，包括八佰伴饮食、八佰伴食品、妙丽、圣安娜饼屋、欢乐天地及大满贯快餐店等。

1989年，和田一夫决心移师香港，指挥以中国大陆为未来重点的国际化经营。同年，和田一夫辞去株式会社八佰伴百货店社长职务，由其二弟和田晃昌担任社长，和田一夫创建八佰伴国际流通集团。1990年5月，八佰伴国际流通集团总部由日本迁往香港，随后更名为“八佰伴国际集团”。

八佰伴香港于1988年在香港联合交易所上市，八佰伴国际则在1993年上市。八佰伴国际于1998年8月11日被停牌，2002年5月6日起被取消上市地位。其后的八佰伴国际与和田家族已没有任何关系，而分店则于1997年11月21日全线结业，大部分的八佰伴分店都由日资百货公司吉之岛取代。八佰伴于1999年2月26日按法庭命令正式清盘。

遗憾的是，由于日本股市崩盘，在债券到期的时候，八佰伴的股价大幅下跌。此时没有人愿意把债券转换成股票，而是要求八佰伴到期履约还钱。如此一来，八佰伴背上了沉重的债务负担，每年要支付高达100亿日元的债务。祸不单行的1995财政年度，八佰伴国际集团再次出现了经营性亏损。

为了挽救危局，从1994年开始，八佰伴被迫将早期买入的不动产变现还债。虽说每项资产的出售都有丰厚的利润，但这些钱全部用来还债，依然入不敷出。

最后，八佰伴可卖的资产都卖光了，依然资不抵债。1997年9月18日，日本静冈县地方法院宣布八佰伴破产，涉案金额1613亿日元。

这是战后日本流通业中规模最大的一起破产案，轰动了日本。

无论在当时还是现在，八佰伴的故事都不过是资本市场中一个小小的插曲。八佰伴的崛起和陨落，伴随着日本泡沫的升腾与破灭。资本可以提升企业的竞争力，却无法改变人性的缺陷，资本市场上任何成功的经验，都可能埋下失败的因子。

**大师的话**

为增长而增长，乃癌细胞生存之道。

——爱德华·艾比

# NO.13 门口的野蛮人

*他们游走于资本市场之间，*

*寻找猎物，*

*垃圾债券是他们的资本利器，*

*凭借着金融杠杆，*

*他们在华尔街上演着一幕幕*

*小鱼吃大鱼的并购游戏。*

GUSHISHISAN:MENKOUDEYEMANREN

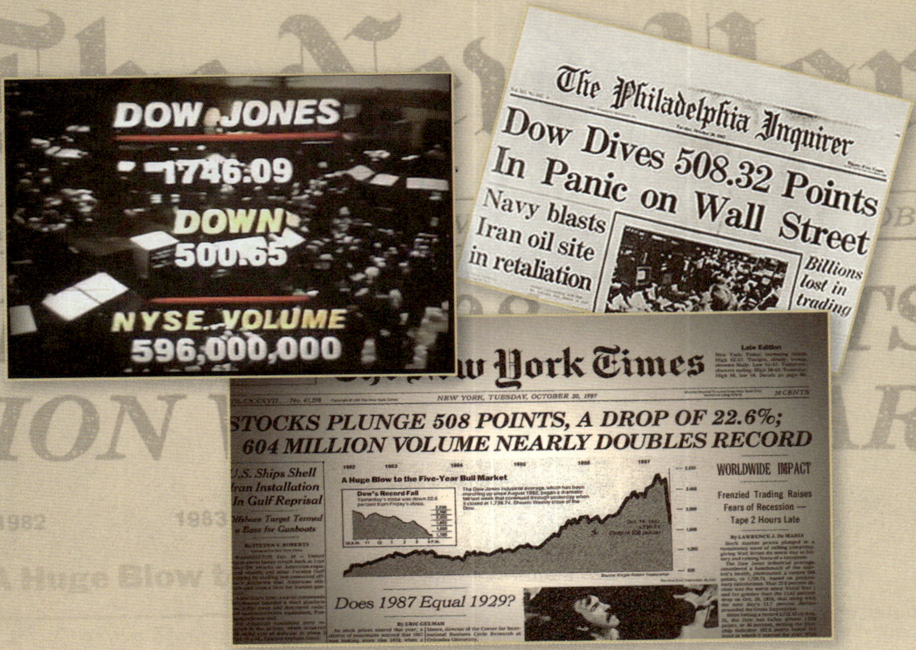


◆ “黑色星期一”道·琼斯股指重挫508点

1987年10月19日，是纽约股票交易所最黑暗的一天，史称黑色星期一。道·琼斯指数重挫508点，下跌22%，创下了单日最大跌幅的记录。一天之内，纽约股票交易所的总市值蒸发了5000多亿美元，相当于美国全年国民生产总值的八分之一。

◆ 华尔街铜牛

## 黑色星期一

1987年10月19日，星期一，美国道琼斯指数狂跌508点，市场总值损失22.6%。与此同时，标准普尔500指数也下降20.4%，这是华尔街有史以来损失最为惨重的一天。同日，世界各主要股票市场从香港到欧洲，再到美洲，都发生股市崩盘，由此人们称这一天为“黑色星期一”。

随后的一周内，恐慌加剧。10月20日，东京证券交易所股票跌幅达14.9%，创下东京证券下跌最高纪录。10月26日香港恒生指数狂泻1126点，跌幅达 33.5%，创香港股市跌幅历史最高纪录，将自1986年11月以来的全部升幅统统吞没。与此相呼应，悉尼、曼谷、新加坡、马尼拉的股市也纷纷下跌。于是亚洲股市崩溃的信息又回传欧美，导致欧美的股市下泻。

据统计，在从10月19日到26日的8天内，因股市狂跌损失的财富高达2万亿美元之多，是第二次世界大战中直接及间接损失总和3380亿美元的5.92倍。美林证券公司的经济学家瓦赫特尔将10月19、26日的股市暴跌称之为“失控的大屠杀”。

## 1929年的经济危机

1929年10月24日，星期四。1929年大恐慌的第一天，也给人们烫上了关于股市崩盘的最深刻的烙印。随后的一段日子，纽约证券交易所迎来了自成立112年来最为艰难的一个时期，大崩盘发生，而且持续的时间也超过以往经历的任何一次。

从1929年9月到1933年1月间，道琼斯30种工业股票的价格从平均每股364.9美元跌落到62.7美元，20种公用事业的股票的平均价格从141.9美元跌到28美元，20种铁路的股票平均价格则从180美元跌到了28.1美元。

1929年至1933年短短的4年间出现了四次银行恐慌。尽管在泡沫崩溃的过程中，直接受到损失的人有限，但银行无法避免大量坏账的出现，而银行系统的问题对所有人造成间接冲击。

大崩盘之后，随即发生了大萧条。大萧条以不同以往的严重程度持续了10个年头。从1929年9月繁荣的顶峰到1932年夏天大萧条的谷底，道琼斯工业指数从381点跌至36点，缩水90%，到1933年年底，美国的国民生产总值几乎还达不到1929年的三分之一。实际产量直到1937年才恢复到1929年的水平，接着又迅速滑坡。直到1941年，以美元计算的产值仍然低于1929年的水平。1930年至1940年期间，只有1937年全年平均失业人数少于800万。1933年，大约有1300万人失业，几乎在4个劳动力中就有1个失业。

更严重的是，股市崩盘彻底打击了投资者的信心，一直到1954年，美国股市才恢复到1929年的水平。

◆ 纳贝斯克的著名奥利奥饼干

雷诺兹·纳贝斯克，当时美国最大的烟草和食品公司，知名品牌有骆驼牌香烟和乐之饼干。股灾当日，纳贝斯克股价从65美元狂跌到45美元。尽管公司总裁罗斯·约翰逊动用两亿美元资金回购股票，但股价一蹶不振，一度跌破40美元。几周之内，公司的市值蒸发了近40%。

## 雷诺兹·纳贝斯克公司

美国雷诺兹烟草公司创始人理查德·雷诺兹是个烟民，1870年开设手工卷烟厂，1884年被当时的烟草大王杜克兼并。1910年反托拉斯运动后，雷诺兹重获烟草公司，到1920年烟草销售额达200亿美元，占全美烟草销售总额的一半。成为美国新烟草大王。1985年雷诺兹烟草公司与纳贝斯克食品公司合并，称RJR纳贝斯克烟草食品公司。

## KKR集团

成立于1976年，是老牌正宗的杠杆收购天王、全球历史最久也是经验最丰富的PE。KKR在1977年完成了它的首次收购，对象是制造企业A.J工业。KKR的经典投资案例包括：西芙韦（Safeway）、金霸王（Duracell）、碧翠丝（Beatrice）、美国折扣零售商达乐公司、信用卡和电子支付服务商第一数据等。KKR是德国、法国、英国等欧洲最大的三个市场上的主要PE投资机构之一。克拉维斯曾斥资188亿美元收购了英国最大的药品零售公司Alliance Boots，为此刷新了欧洲历史上交易额最大的收购纪录。KKR在中国的投资案例包括：河南天瑞水泥、马鞍山现代牧业、远东国际租赁。

## 股权投资基金

它是以非上市公司的股权为主要投资对象的基金，是一种直接投资。PE也会投资于上市公司，但不是以持有流动性较高的股票为目的，而是以企业重组或行业整合为目的。通常，PE通过IPO上市或出售的方式退出所投资的企业。根据拟投资的企业所处的发展阶段的不同，PE分为如下类型：（1）创投资本或风险资本；（2）增长基金；（3）收购基金；（4）夹层基金或过桥资本。1946年成立的美国研究与发展公司（ARDC）是现代PE的鼻祖。

◆ 亨利·克拉维斯

1945年出生在美国一个犹太家庭。他是老牌杠杆收购大师，他和他的堂弟乔治·罗伯茨共同创立的KKR集团是全球历史最悠久也是经验最为丰富的私募股权投资机构。“我们不仅是PE，还是一个资产管理集团。”克拉维斯说道，“对我来说，我需要像实业家那样去思考和行事。”

克拉维斯兄弟并不是杠杆收购的发明者，但他们绝对是这个市场力量的最大成就者。迄今为止，历史上最大的5个杠杆收购案例中有3个由KKR主导或参与的。

截至2009年3月31日，KKR共发起并管理了14只私募基金，资金总额高达593亿美元。据《商业周刊》2009年年底的统计数据，KKR持有51家企业股票，这些企业年销售额总计达2180亿美元，至少是竞争对手黑石集团等企业的2倍以上。而克拉维斯身家约为38亿美元。

2011年，这位收购大师对其历经30多年市场动荡的KKR集团进行重大改革，他希望效仿巴菲特及其金融集团伯克希尔·哈撒韦公司，为私人股权投资开辟出新的发展道路。

实际上，纳贝斯克的业绩非常稳定，是一家公认的好公司。股价突然暴跌，让一只暗中盯了它两年之久的基金喜出望外，它就是华尔街最有实力的股权投资基金——KKR集团。KKR集团的创始人亨利·克拉维斯给约翰逊打了一通电话，告诉他：纳贝斯克的价值应该在100美元左右，现在严重低估，如果管理层有兴趣的话，KKR集团愿意和约翰逊一起收购纳贝斯克。

◆ 约翰逊

约翰逊当时并没有表态，因为他另有打算。既然公司这么值钱，为什么不自己把它买下来呢？于是，约翰逊请来了美国运通公司和所罗门兄弟银行两大金融机构，请他们设计收购方案，并提供资金支持，双方一拍即合。几周之后，约翰逊代表管理层，公开报价每股75美元，发起了收购战。而在此之前，股价仅53美元。

美国运通公司，创建于1850年，现已成为多元化的全球旅游、财务及网络服务公司，提供签帐卡及信用卡、旅行支票、旅游、财务策划、投资产品、保险及国际银行服务等。现在全球500强排名第七的运通公司在全球拥有数以千万计的会员，并在200多个国家为商户所广泛接受。

所罗门兄弟，华尔街的著名投资银行，1910年成立，1990年代末被旅行者集团并购(现属花旗集团)。1910年，三个所罗门兄弟与人合伙组建了所罗门兄弟公司。与同期华尔街上其他公司不同，所罗门兄弟公司专职于债券业务。20世纪七八十年代也是美国利率大幅剧烈波动的年代，与利率息息相关的债券不再仅仅是获得稳定收益的投资工具，债券价格的剧烈波动使得债券交易成为一个可以获取巨额利润的投资行为。所罗门公司正是紧紧抓住了这一历史大变革和大动荡所带来的机遇，逐步成为20世纪80年代的“华尔街之王”。1985年所罗门公司税前利润达到7.6亿美元（63亿元人民币），1987年所罗门公司资本金达到34亿美元（281亿元人民币），拥有6000名雇员，在全球的主要金融中心都有分支机构。

◆ KKR集团

得知约翰逊联手其他金融机构，踢开了自己，KKR集团的克拉维斯勃然大怒。在他看来，约翰逊是在自己的启发之下，才想到了管理层收购，现在居然要把他一脚踢开。而且，纳贝斯克是KKR盯了很久的一块肥肉，现在机会终于来了，煮熟的鸭子还能让它飞了不成。于是克拉维斯当机立断，出价每股90美元，直接叫板纳贝斯克公司。一场被称为世纪大并购的股权争夺战，就此拉开了序幕。

## 要约收购

又叫做“买断合并”，是指收购人为了取得上市公司的控股权，并且取得被收购公司几乎全部的股份(至少95%以上股份) 向所有的股票持有人发出购买该上市公司股份的收购要约，收购该上市公司的股份。在英国被称为Takeover bid，在美国则被称为Tender offer，是指收购方通过向被收购公司的股东发出购买其所持该公司股份的书面意思表示，并按照其依法公告的收购要约中所规定的收购条件、收购价格、收购期限以及其他规定事项，收购目标公司股份的收购方式。

## 标购

指收购方向目标公司的股东发出正式的要约，以特定的价格购买目标公司的股票。标购价格通常会高于当时的市场价格。标购方有权选择或全部购买或部分购买或不购买接受要约的股票。

## 管理层收购

指公司的经理层利用借贷所融资本或股权交易收购本公司的一种行为，从而引起公司所有权、控制权、剩余索取权、资产等变化，以改变公司所有制结构。通过收购使企业的经营者变成了企业的所有者。

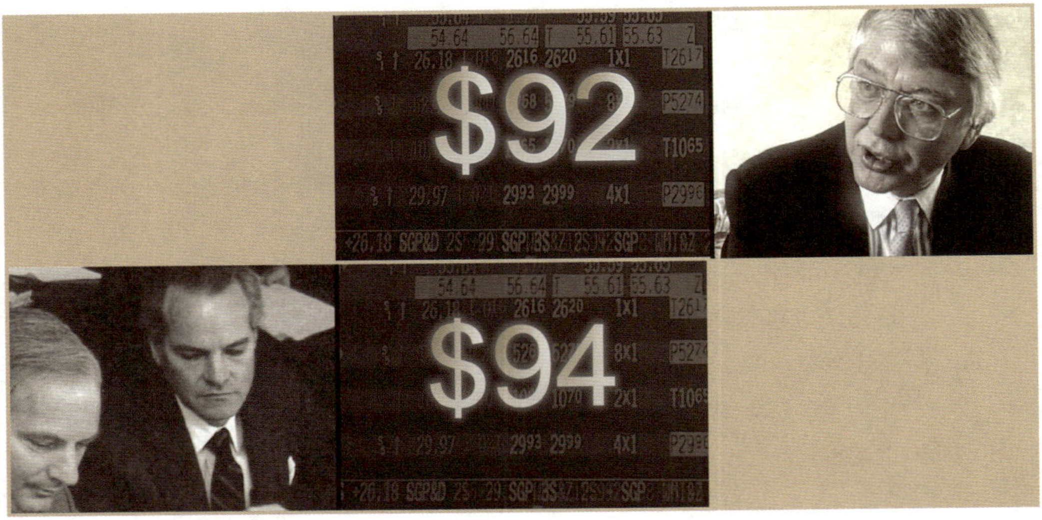


◆ 杠杆收购战双方激烈竞价

半路杀出来的克拉维斯，一下子打乱了约翰逊的部署。他不得不把收购价提高到92美元。但克拉维斯立刻还以颜色，报出94美元。

双方你来我往，轮番出价，这让约翰逊压力倍增，疲于奔命。而克拉维斯好像没把钱放在眼里，每一次加价都显得非常轻松！

此时，约翰逊咬牙做出最后一搏，报价100美元。

这一次，克拉维斯没有应价，而胆战心惊的约翰逊还不放心，自己主动加价1美元，报价101美元！当他以为稳操胜券之时，在沉默了几小时之后的克拉维斯，再次报出价格：106美元。

约翰逊崩溃了，当众宣称：放弃收购，退出竞争。而克拉维斯又以胜利者的自信再加价3美元，最后竞价定格在每股109美元。

经过长达六周的价格拉锯战，KKR集团最终以每股109美元收购了纳贝斯克。交易规模高达250亿美元，是当时全球最大的一笔收购案。

人们自然要问，克拉维斯哪来的这么多钱呢？答案就是垃圾债券。

## 垃圾债券

亦称劣等债券，指信用评级甚低的企业所发行的债券。一般而言，BB级或以下的信用评级属于低。信用评级低的企业所发行的债券的投资风险较高，因此，须以较高的利息率吸引投资者认购。以标准普尔(Standard& Poors)的信用评级计，投资于BB级、B级、CCC级、CC级或C级的债项或发行人，具有一定的投机性，而在不稳定的情况下，即使发行人或公司为投资者提供了一些保障，有关保障的作用也会被抵销。垃圾债券的信用等级位于标准普尔BBB和穆迪Baa等级以下，信用风险和票面利率比投资级债券高的债券。这种债券具有很强的投机性。在经济繁荣、稳定的情况下，其投资者可获得很高的收益；反之，则会遭受重大损失，甚至血本无归。

## 垃圾股

指的是业绩较差的公司的股票，与绩优股相对应。垃圾股在市场上的表现萎靡不振，股价走低，交投不活跃，年终分红也差。

垃圾债券，是20世纪80年代华尔街最大的金融创新，它以少量自有资金外加拟收购目标的资产为抵押，因此，大大降低了收购方的资金压力。当年的垃圾债券之王米尔肯，曾经夸下海口：如果有人愿意，我随时可以让他收购通用电气公司。通用电气，那可是当年全球最大的公司。

◆ 迈克尔·米尔肯

迈克尔·米尔肯是华尔街的“垃圾债券大王”，当时流行一句话：“要钱就找米尔肯”。他的一个电话就可筹措到上亿美元，米尔肯曾夸下海口“我们要收拾GM、Ford和IBM，让他们俯首称臣。”

米尔肯生于1946年，1970年米尔肯从沃顿商学院毕业后，从事债券分析员工作。当时的美国，通货膨胀、失业率高、信用紧缩，大型传统型企业赢利下降，中小型企业和新兴企业融资困难，2万多家企业，只有800家够得上投资级别，可以发行债券。米尔肯研究发现传统的华尔街投资者在选择贷款或投资对象的时候只看重那些过去业绩优良的企业，往往忽视了它们未来的发展势头，他认为，债券的主要风险在于流动性，并不在于评级，投资低级债券比投资高级债券收益高。因为债券评级与利率成反比，并由此开始了他的“垃圾债券”的投资之路。20世纪70年代开始，他投资劣等债券，也就是标普标准BB级（五等）以下债券，这些债券普遍比“金边债券”（国债）利率高出5%以上。米尔肯在德崇证券成立了专门经营低等级债券的买卖部，由此开始了他的“垃圾债券”的投资之路。他四处游说，寻找愿意购买“垃圾债券”的人，德崇证券再把这些人变成“垃圾债券”的发行人，很快经他推荐的机构投资者投资的“垃圾债券”的年收益率达到了50%。米尔肯和德崇证券则因此声名鹊起，并成为了“垃圾债券”的垄断者。

1977年到1987年的10年间，米尔肯筹集到了930亿美元，德崇证券在“垃圾债券”市场上的份额增长到了2000亿美元，让米尔肯成为了全美“高收益债券大王”。

从20世纪80年代后期起，就不断有人状告米尔肯违法经营。法庭于1990年确认米尔肯有6项罪名，这些罪名都是没有先例的：掩盖股票头寸、帮助委托人逃税、隐藏会计记录，但均与内部交易、操纵股价以及受贿无关。米尔肯最终被判处10年监禁，赔偿和罚款11亿美元，并禁止他再从事证券业，从而结束了米尔肯作为“垃圾债券大王”的传奇经历。

身为一名交易商，米尔肯开创并占领了整个“垃圾债券”业。米尔肯虽被关入监狱，但他的理论未被金融界抛弃。“垃圾债券”作为一种金融工具已被广泛接受，成为中小企业筹措资金的重要途径，也是收购企业的重要手段。





### 杠杆收购

又称融资并购，是指公司或个体利用自己的资产作为债务抵押，收购另一家公司的策略。杠杆收购的主体一般是专业的金融投资公司，投资公司收购目标企业的目的是以合适的价钱买下公司，通过经营使公司增值，并通过财务杠杆增加投资收益。通常投资公司只出小部分的钱，资金大部分来自银行抵押借款、机构借款和发行垃圾债券（高利率高风险债券），由被收购公司的资产和未来现金流量及收益作担保并用来还本付息。如果收购成功并取得预期效益，贷款者不能分享公司资产升值所带来的收益（除非有债转股协议）。在操作过程中可能要先安排过桥贷款作为短期融资，然后通过举债完成收购。杠杆收购在国外往往是由被收购企业发行大量的垃圾债券，成立一个股权高度集中、财务结构高杠杆性的新公司。杠杆收购的突出特点是，收购方为了进行收购，大规模融资借贷去支付（大部分的）交易费用。通常为总购价的70%或全部。同时，收购方以目标公司资产及未来收益作为借贷抵押。借贷利息将通过被收购公司的未来现金流来支付。

◆ 布赖恩·伯勒的《门口的野蛮人》一书，用纪实性报道记述了RJR纳贝斯克的收购战。门口的野蛮人被华尔街用来形容不怀好意的收购者。

KKR集团靠垃圾债券融资收购了众多公司，他们也不管这些公司的股东和管理层是否合作。KKR集团屡次得手，因此在华尔街获得了“收购之王”的称号。不过，他们还有另外一个不太好听的名字：门口的野蛮人。

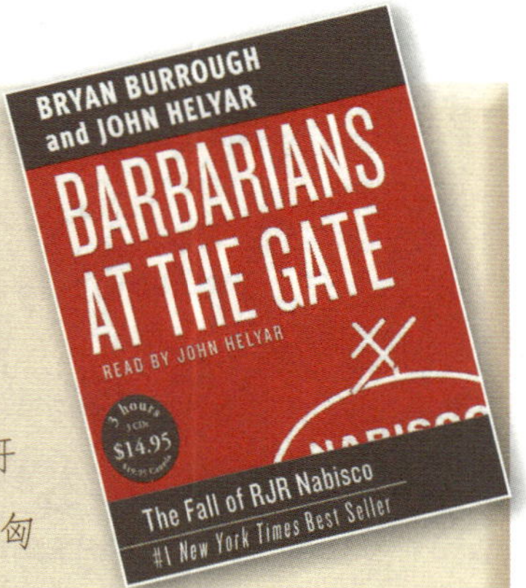


在西方历史中，“野蛮人”具有特定的历史含义。罗马人在希腊文明的基础上创造了罗马文明，将自己称为“文明人”，而将居住在化外之地的部落称为“蛮族”或“野蛮人”，主要包括东、西哥特人，汪达尔人和勃艮第人，此外还包括匈奴人。公元410年，哥特“蛮族”包围了罗马城。此时罗马城内外，战马嘶鸣、战鼓震耳，喊杀声直入云霄。经过激烈的战斗，野蛮人最终攻入了罗马城，并进行了三天三夜的洗劫。但这些蛮族只是垂涎于罗马帝国的财富，并不打算从此安顿下来，统治帝国。烧杀抢掠之后不久，他们丢下罗马城又继续过自己的游牧生活去了。公元476年，蛮族首领废黜了罗马的末代皇帝，曾经显赫一时的西罗马帝国终于灭亡，欧洲从此进入了中世纪时代。一千多年之后，“野蛮部落”卷土重来，在美国实业界的城门外安营扎寨，渴望进去抢夺里面的财富，最为著名的就是这场攻占雷诺兹——

纳贝斯克集团的战争。但历史总是以惊人的方式重演，“野蛮人”的本性决定了他们并不会定居下来，安安心心地经营这座城池。在盈利希望渺茫的情况下，他们又跨上战马，开始寻找下一个目标。

收购战结束后，约翰逊黯然退出公司。几年之后KKR集团分拆卖掉了纳贝斯克，获利甚丰。而帮助KKR集团发行垃圾债券的公司也分了一杯羹。

各路资本对公司控制权的争夺，却在争夺自身利益的同时，提升了公司的价值。更重要的是，此时的公司已不仅是提供商品和服务的企业，同时是可交易的商品，公司的价值被资本发掘的淋漓尽致。

## 大师的话

给我一个支点，我可以撬起整个地球。

——阿基米德

NO.14

# 英镑狙击战

*凭借着敏锐的眼光和庞大的资金，*

*来自华尔街的索罗斯，*

*战胜了全球最老牌的中央银行。*

*从此之后对冲基金，*

*开始改变世界金融市场的版图。*

GUSHISHISI:JINGBANGJUJIZHAN

英格兰银行，成立于1694年，是人类历史上第一个中央银行，也是全球资产规模最大的金融机构之一。300多年来，它凭借着雄厚的资金实力守护着伦敦国际金融中心，从未遇到对手。直到1992年9月16日，“黑色星期三”。

英格兰银行成立于1694年，是英国的中央银行，英格兰银行负责召开货币政策委员会，主要任务是按政府要求决定国家的货币政策。英格兰银行总行设在英国伦敦。

英格兰银行具有典型的中央银行“发行的银行、银行的银行、政府的银行”的特点：作为“发行的银行”，享有在英国发钞的特权；作为“银行的银行”，保管商业银行的存款准备金，并作为票据的结算银行，对英国的商业银行及其他金融机构进行监督；作为“政府的银行”，代理国库，稳定英镑币值及代表政府参加一切国际性财政金融机构。英格兰银行的领导机构是理事会，由总裁、副总裁及16名理事组成，是最高决策机构，成员由政府推荐，英王任命。

◆ 英格兰银行

世界上最早形成的中央银行，为各国中央银行体制的鼻祖。1694年根据英王特许成立，股本120万镑，由社会募集。成立之初即取得不超过资本总额的钞票发行权，主要目的是为政府垫款。到1833年英格兰银行取得钞票无限法偿的资格。1844年，英国国会通过《银行特许条例》（即《比尔条例》），规定英格兰银行分为发行部与银行部；发行部负责以1400万镑的证券及营业上不必要的金属贮藏的总和发行等额的银行券；其他已取得发行权的银行的发行定额也规定下来。此后，英格兰银行逐渐垄断了全国的货币发行权，至1928年成为英国唯一的发行银行。与此同时，英格兰银行凭其日益提高的地位承担商业银行间债权债务关系的划拨冲销、票据交换的最后清偿等业务，在经济繁荣之时接受商业银行的票据再贴现，而在经济危机的打击中则充当商业银行的“最后贷款人”，由此而取得了商业银行的信任，并最终确立了“银行的银行”的地位。随着伦敦成为世界金融中心，因应实际需要，英格兰银行形成了有伸缩性的再贴现政策和公开市场活动等调节措施，成为近代中央银行理论和业务的样板及基础。1933年7月设立“外汇平准帐户”代理国库。1946年之后，英格兰银行被收归国有，仍为中央银行，并隶属财政部，掌握国库、贴现公司、银行及其余的私人客户的帐户，承担政府债务的管理工作，其主要任务仍然是按政府要求决定国家金融政策。英格兰银行总行设于伦敦，职能机构分政策和市场、金融结构和监督、业务和服务三个部分，设15个局（部）。同时英格兰银行还在伯明翰、布里斯托、利兹、利物浦、曼彻斯特、南安普顿、纽卡斯尔及伦敦法院区设有8个分行。

◆ 英国捍卫英镑

1992年9月16日上午，开盘前，英格兰银行的交易员们表情肃穆，严阵以待，他们今天的任务是捍卫英镑。而这场战役的总指挥是英国最高财政长官，财政大臣莱蒙。

当时的英国正准备加入筹建中的欧盟，而加入欧盟的先决条件之一是要加入欧洲汇率机制，该机制要求成员国的汇率盯住德国马克有限浮动，而当时的英国必须把英镑对马克的汇率稳定在1：2.7780之上。

◆ 欧盟

欧洲汇率机制于1979年创立，旨在限制欧盟成员国货币的汇率波动。ERM为成员国货币的汇率设定固定的中心汇率，允许汇率在中心汇率上下一定的幅度内波动。据规定，欧盟新成员国在加入欧元区之前，应将其货币纳入允许汇率在中心汇率上下15%的区间内波动的ERM-2体系，为时2年。1979年成立之初，参与欧洲汇率机制的仅有前联邦德国、法国、意大利、荷兰、比利时、卢森堡、丹麦及爱尔兰八个成员国。其后，西班牙于1989年6月，英国于1990年10月，葡萄牙于1992年4月加入了EMS。

1957年的《罗马条约》呼吁建立欧洲经济共同体，开始了欧洲经济一体化的进程，并导致了欧洲经济和货币体系在1979年3月的诞生，以及自从布雷顿森林体系以来在固定汇率方面最雄心勃勃的实验。

欧洲经济和货币体系从开始就呼吁建立一种新的货币，即欧洲货币单位。欧洲货币单位是起源于一种货币加权平均值，以1979年GDP为权重，以1979年欧洲经济和货币体系成员国货币为基础。欧洲货币单位的构成因素会周期性地调整，以反映成员国相对GDP的变化。当新的货币被纳入欧洲经济和货币体系时，欧洲货币单位的构成就会发生变化。1994年11月，当时由11种货币构成的欧洲货币单位永久地固定下来。欧洲货币单位中的最大组成部分有德国马克（30.1%），法国法郎（19.0%）和英国英镑（13.0%）。

欧洲汇率机制的预期目的就是，在欧元诞生之前的时期抑制欧洲汇率的不稳定性。利率完全等同被看做是单一货币出现的一个必要条件。从逻辑上说，如果汇率能够被固定在狭窄的交易区间内，那么，各个货币单位国家的利率就会很自然地集中在一个通常的水平上。

但是，欧洲汇率机制根本没有起到稳定汇率的作用。欧洲汇率机制，这个金融工程严重失控的典型例子，实际上导致欧洲汇率不稳定创下了历史最高水平。从1979年3月开始直到1999年初欧元的诞生，欧洲汇率机制总共遭受了18次的调整，影响了56次中心汇率。它也酿成了两场惊人的货币危机——1992年9月16日，英镑汇率机制危机；1993年8月，以法国的法郎和意大利的里拉为主要目标的第二次汇率机制危机。

导致1992年9月欧洲汇率机制危机的其中一个原因还在于德国中央银行即德国联邦银行在危机之前所实施的紧缩货币政策。在苏联临近解体的混乱中，东德将会从东方集团中脱离。这个过程开始于1989年11月9日柏林墙的倒塌。德国总理赫尔姆特抓住了这一历史时机，要求在1990年7月1日以全民公决的方式对东西德统一进行投票。在1990年10月3日，东德和西德实现了统一。东德和西德在1990年刚实现统一，德国的部长们就发现政府预算赤字开始增长。

德国的中央银行是欧洲最保守的。意料之中，德国联邦银行的对策就是不断大幅提高短期利率。从柏林墙倒塌到1992年7月16日的18个月期间，联邦银行4次提高贴现率，贴现率从6%升到8.75%。

德国联邦银行被看做欧洲汇率机制各成员国中央银行之锚，然而，在其他欧洲汇率机制成员国的中央银行正努力将国内利率降到一个共同的较低水平时，德国联邦银行却在提高利率。它的这一行为明显是把德国的经济利益放在了欧洲共同体国家的前面。

当时的英国经济衰退很难维持高利率，要维持汇率稳定，英国应该降息，德国要加息，但德国刚统一还自顾不暇。于是德国没有降息，因为它需要大量资金进行建设，所以德国就没在汇率问题上拉英国，这就被索罗斯看到了缝隙。

1992年年初以来，英镑对马克的汇率从1：2.95一路下滑，到9月15日，纽约外汇市场的英镑收盘价爆出1：2.7782。距离英格兰银行承诺的汇率浮动底限，仅毫厘之差。汇率大战一触即发。

7点30分，英格兰银行的交易员们执行了买入20亿英镑的指令，英镑汇率纹丝不动，没有脱离危险区。

8点30分，财政大臣莱蒙紧急调动国家外汇储备，买入55亿英镑，英镑汇率依然没有上升。

当天上午11点，英格兰银行宣布：将利率提高到12%，收紧银根以稳定外汇市场，但英镑继续下探底线。

下午1点30分，纽约外汇市场开盘，这才是狙击英镑的主战场。会战开始了，就像打开了水龙头一样，一个交易商是这样描述着当时汹涌而来的英镑卖盘，“似乎全世界都在卖出英镑，而买方只有一家，英格兰银行！”

片刻间，英镑对马克的底线被毫不留情地击破了。

下午2点15分，英格兰银行再次将利率提高到15%，一天之内两次提高利率，史无前例，后无来者。

然而英镑对德国马克的汇率仍然在1：2.7780的水下挣扎。

17点，纽约外汇市场收盘。英镑对马克的汇率定格在1：2.703，大大低于英国对欧洲汇率机制承诺的底限，此时，英镑大势已去，英格兰银行无计可施。

19点30分，莱蒙出现在媒体镜头面前。

英国的《经济学人》杂志是这样描述当时的莱蒙：“他含着胸把手放在背后，就像一名囚犯”。莱蒙宣布：英国退出欧洲汇率机制，

◆ 莱蒙

The Daily Telegraph

NO. 42,665

THURSDAY, SEPTEMBER 17, 1992

HOUR BY HOUR, HOW THE AILING POUND FAILED TO GET UP OFF THE FLOOR

Graph shows pound's value against the Deutschemark yesterday

Lamont fails to save pound

Major stands by the Chancellor as devalued sterling leaves ERM

By Boris Johnson in Brussels, George Jones, Philip Johnston and Jon Hibbs

Volte-face ends day of chaos

◆ 英镑被阻击的新闻报道

英镑将自由浮动。英格兰银行认输了。

究竟是谁在和英格兰银行作对呢？这是在全球金融市场上刚刚浮出水面的一股力量，其代表人物之一是乔治·索罗斯，索罗斯是美国华尔街的一名犹太投资人，他擅长于在外汇市场上投机，不久前刚刚在日元升值中大赚了一票。

◆ 乔治·索罗斯

1930年出生于匈牙利犹太人家庭。17岁到英国学习哲学，毕业后曾当过烟草推销员及金融职员，后自己组建量子基金会，成为美国最成功的投资经理人、著名国际金融专家，号称“金融天才”。同时他还每年投入上亿美元从事世界范围的慈善事业，成为享誉全球的社会活动家。

1970年，乔治·索罗斯和吉姆·罗杰斯一起创立了量子基金。而后的10年间，量子基金回报率每年大约42.6%，共回收了33.65倍的利益，也创造了索罗斯的大部分财富。1992年，索罗斯成功狙击英镑后，被封为“让英格兰银行破产的男人”。

索罗斯很早就盯上了英镑，在他看来，英国加入欧洲汇率机制是一个决策失误。索罗斯敏锐发现，英德两国的经济实力悬殊，和如日中天的德国相比，英国的经济实力，难以支撑英镑对马克的固定汇率，英镑明显被高估了。于是，他大胆决策：做空英镑，挑战英格兰银行。

1992年9月，当英镑汇率不断逼近底线时，索罗斯出手了。

他几乎是孤注一掷，用自有资金加信用杠杆，投资总额据说超过100亿美元。

布局完成之后，索罗斯开始在各大媒体发表他对英镑汇率的评论，他的看法逐渐影响了其他投资基金经理的决策。

此时的英格兰银行已经陷入重围，就像困兽一样孤军奋斗，他面对的并不是一个人，也不是一家机构，而是投资界的主流判断——英镑对马克必将贬值！这时做空英镑的人和机构，就像股市中集结的羊群一样，而索罗斯就是羊群中的头羊。

### 对冲基金

它是流行于美国的一种私人投资管理体制下的有限合伙企业，是一种形式简单、费用低廉且隐秘灵活的私人投资管理方式。1949年1月1日，《财富》杂志记者、对冲基金创始人阿尔弗雷德·温斯洛·琼斯经过与华尔街交易商和经济商大量交流学习后，以一种他自己命名为“对冲”、当时听起来匪夷所思的投资策略进行投资，与其他3个合伙人创立了世界上第一个对冲基金公司——A·W·琼斯公司。

经过几十年的演变，对冲基金已逐渐失去其初始的风险对冲内涵，成为一种新的投资模式的代名词，即基于最新的投资理论和极其复杂的金融市场操作技巧，充分利用各种金融衍生产品的杠杆效用，承担高风险，追求高收益的投资模式。

## “羊群效应”

是指管理学上一些企业的市场行为的一种常见现象。经济学里经常用“羊群效应”来描述经济个体的从众跟风心理。

羊群效应的出现一般在一个竞争非常激烈的行业上，而且这个行业上有一个领先者（领头羊）占据了主要的注意力，那么整个羊群就会不断摹仿这个领头羊的一举一动，领头羊到哪里去吃草，其它的羊也去哪里淘金。在资本市场上，“羊群效应”是指在一个投资群体中，单个投资者总是根据其他同类投资者的行动而行动，在他人买入时买入，在他人卖出时卖出。导致出现“羊群效应”还有其他一些因素，比如，一些投资者可能会认为同一群体中的其他人更具有信息优势。

一个国家的货币，一旦成为全球化市场中的商品，该国的货币政策就同时处于全球资本的监督之下。就像索罗斯所说的那样，在这个市场上，没有道德，只有规则。资本的流动从此超越国界，成为各国经济决策者不可忽视的力量。

## 大师的话

一个人不论干什么事，失掉恰当的时节、有利的时机就会全功尽弃。

——柏拉图

# NO.15 梦碎的梦之队

一个投资神童，

两位诺奖得主，

组建起华尔街的梦之队。

他们用人脑加电脑的方式，

不断战胜市场，

直到一起黑天鹅事件的发生。

GUSHISHIWU:MENGSUIDEMENGZHIDUI

1992年奥运会，美国男篮不费吹灰之力就拿到了冠军。美国队里有飞人乔丹、魔术师约翰逊和大鸟伯德，这些人都是世界上最优秀的球员，在球场上不是在比赛，而是在表演，这支球队因此得名为“梦之队”，在华尔街上，也曾经有这样一支群星闪耀的“梦之队”。

◆ 麦利威瑟、大卫·莫里斯、斯科尔斯和默顿组成“华尔街梦之队”

组建华尔街梦之队的人叫麦利威瑟，是华尔街的神童，他是一个数学天才，学生时代就获得过全美荣誉学生奖，毕业后，任职所罗门兄弟公司，凭借其优异的数学才能，他设计出量化模型，在债券市场上进行套利交易。所谓债券套利，就是买入低估的债券、同时卖出高估的债券，通过交易差价不断缩小获取利润。麦利威瑟的创新为公司创造了巨额利润，所以年纪轻轻他就以“债券套利之父”的荣誉，蜚声华尔街。

## 套利债券

套利债券是市政机构发行的一种债券。发行的目的是募集资金用于偿还已发债券。用以新还旧的方法降低资金成本。因此被称为套利债券。债券套利策略是通过正回购操作放大自身头寸来获得更高收益的策略，这种策略广泛的被用于对冲基金。

## 量化模型

量化模型是把数理统计学应用于科学数据，以使数理统计学构造出来的模型得到经验上的支持，并获得数值结果。这种分析是基于理论与观察的并行发展，而理论与观测又通过适当的推断方法而得以联系。量化投资的核心是模型的设计和建设。它就像一名采集投资思想的“炼金师”，把那些“有效”的投资思维捕捉下来，再用数量金融的知识将其量化，最后通过模型执行。人对市场的理解，对模型构建的了解，对模型在市场中应用的经验，是搭建一个完美“黑匣子”的最关键。一个成熟的量化模型是个复杂的体系。通常而言，它包括了选股模型（阿尔法模型），风险控制模型，交易成本模型，以及将上述结构进行优化的模型。根据产品的不同，有时也会加入资产配置等择时模式。

◆ 约翰·麦利威瑟

约翰·麦利威瑟被称为能“点石成金”的华尔街债券套利之父，生于1947年，在芝加哥南部罗斯兰地区的小镇罗斯摩尔长大成人。因为数学成绩特别突出，而获得过全美荣誉学会奖数学，芝加哥大学MBA学位毕业。1974年加入所罗门兄弟公司。

1991年8月，所罗门兄弟公司爆发“莫泽尔丑闻”事件，债券交易员保罗·莫泽尔欺骗了美国财政部，提交了假的债券投标书。投资银行一向以诚信作为业务的基石，“莫泽尔丑闻”一发生，立即导致所罗门兄弟公司的巍峨大厦即将倒塌。董事长引咎辞职。而后在投资界信誉最好的沃伦·巴菲特成了所罗门兄弟公司的大股东和新董事长。

作为所罗门兄弟公司的套利和债券部门主管，约翰·麦利威瑟要对它的手下保罗·莫泽尔的行为的失察负责任。尽管他的手下都极力保护约翰·麦利威瑟，而他负责的所罗门兄弟公司的套利部门几年来一直是所罗门公司最赚钱的部门，但是时年45岁，且本来很有希望成为所罗门兄弟公司将来的首席执行官的麦利威瑟，还是被炒掉离开了所罗门公司。

1994年，麦利威瑟离开了所罗门公司，自立门户，创建了长期资本管理公司。他带走了他在所罗门兄弟公司的交易员团队，而且还聘请了美联储副主席大卫莫里斯，还有两位天才的数理经济学家默顿和斯科尔斯，他们在华尔街举起了量化投资的旗帜。

1997年的诺贝尔经济学奖由两位美国金融学者共同获得，分别是哈佛大学企业管理学教授罗伯特·C·默顿和斯坦福大学金融学教授迈伦·斯科尔斯。他们作为金融工程科技开创者是1990年马克维茨、夏普以及米勒三位美国金融学者之后，再获诺贝尔奖的金融学者。

◆ 罗伯特·C·默顿

罗伯特·C·默顿于1944年出生于美国纽约。1966年默顿毕业于哥伦比亚大学工学院，并获工程数学学士学位。默顿大学毕业后去了加州理工学院攻读硕士学位。1970年默顿去了麻省理工学院，经人推荐默顿作了保罗·萨缪尔森助手。萨缪尔森和默顿开始合作研究投资组合、认股证定价等问题，1969年合作发表了《使效用最大化的完整的认股权定价模型》，1974年合作发表了《对长期最优投资决策的对数正态估计的谬误》。在麻省理工学院，默顿对期权定价理论集中研究，发表了许多有创见性的论文。在这些论文中，默顿提出并推广了“布莱克–斯科尔斯”公式，对期权定价理论作出了杰出贡献。从20世纪80年代后期起，默顿把用于分析期权定价的数学方法应用于更为广阔的金融领域，使金融风险管理有了定量的分析工具可用，这个领域后来被称为金融工程学。1997年他获得了诺贝尔经济学奖，这正是对他在期权定价理论方面作出的杰出贡献的肯定。

◆ 迈伦·斯科尔斯

迈伦·斯科尔斯生于1941年，1961年获McMaster大学工程学士学位，1864年获芝加哥MBA学位，1969年获芝加哥大学经济学博士学位。1968年到1973年执教麻省理工学院，1972年到1983年执教芝加哥大学，1983年至今执教斯坦福大学。由于他给出了著名的“布莱克——斯科尔斯期权定价”公式，它告诉人们可以利用已存在的证券来复制符合于某种投资目的的新的证券品种，这成为金融机构设计新的金融产品的思想方法。该法则已成为金融机构涉及金融新产品的思想方法，因此他和罗伯特·默顿共同获得1997年诺贝尔经济学奖。

有了默顿和斯科尔斯两位天才数理经济学家的加盟，麦利威瑟升级了他的债券交易模型，并建立了电脑自动交易系统，当市场出现套利机会的时候，该系统会自动发出指令并执行交易。由于债券套利的价差通常很小，长期资本管理公司用放大杠杆率的方法，将似乎无风险的微利变成暴利。这是一种高杠杆的量化投资模式，它将人脑和电脑有机地结合，在控制风险的条件下，通过杠杆率的高低来调节投资的收益率。但是对于这种创新的投资模式，华尔街的主流并不认可，他们说这是在用大概率赚小钱，却会因为小概率赔大钱。

长期资本管理公司出手不凡，业绩表现大大超出了市场批评家的意料，1996年，长期资本管理公司认为德国的债券利率将上升，而丹麦，意大利和希腊的债券利率将下降，他们用量化投资模型锁定了两类债券的利率之差，市场表现与他们的预测惊人的一致，长期资本管理公司的客户和公司的天才明星们都获得了巨大的收益。

一时间，仿佛全球金融市场都在几位天才数学家的掌控之中，在长期资本管理公司成立后的3年里，年平均回报率高达40%。并有惊无险安然度过了亚洲金融危机。

1997年亚洲金融危机，1997年7月2日，泰国宣布放弃固定汇率制，实行浮动汇率制，当天，泰铢兑换美元的汇率下降了17%，外汇及其他金融市场一片混乱。由于泰国政府宣布本国货币泰铢不再与美元挂钩，导致其他亚洲国家货币迅速贬值，加上该地区经济危机已经显现，亚洲国家交易市场出现恐慌，股票市场下跌，进口贸易收益减少，甚至政府也动荡不安。不久，这场风暴扫过了马来西亚、新加坡、日本和韩国等地。在泰铢波动的影响下，菲律宾比索、印度尼西亚盾、马来西亚林吉特相继成为国际炒家的攻击对象。1997年8月，马来西亚放弃保卫林吉特的努力。一向坚挺的新加坡元也受到冲击。印尼虽是受"传染"最晚的国家，但受到的冲击最为严重。1997年10月下旬，国际炒家移师国际金融中心香港，矛头直指香港联系汇率制。台湾当局突然弃守新台币汇率，一天贬值3.46%，加大了对港币和香港股市的压力。1997年10月23日，香港恒生指数大跌1211.47点；28日，下跌1621.80点，跌破9000点大关。面对国际金融炒家的猛烈进攻，香港特区政府重申不会改变现行汇率制度，恒生指数上扬，再上万点大关。接着，1997年11月中旬，东亚的韩国也爆发金融风暴，17日，韩元对美元的汇率跌至创纪录的1008：1。21日，韩国政府不得不向国际货币基金组织求援，暂时控制了危机。但到了1997年12月13日，韩元对美元的汇率又降至1737.60：1。韩元危机也冲击了在韩国有大量投资的日本金融业。1997年下半年日本的一系列银行和证券公司相继破产。东南亚金融风暴演变为亚洲金融危机。打破了亚洲经济急速发展的景象。亚洲一些经济大国的经济开始萧条，一些国家的政局也开始混乱。

1997年，默顿和斯科尔斯获得了诺贝尔经济学奖。长期资本管理公司从此被称为华尔街的“梦之队”。

但是，长期资本管理公司的量化投资策略并非完美无瑕，他们最大的敌人，在学术界，被称之为“黑天鹅事件”，泛指几乎无法预测但可能极具破坏力的小概率突发性事件。

很不幸，这样的“黑天鹅事件”真的发生了！

黑天鹅事件指非常难以预测，且不寻常的事件，通常会引起市场连锁负面反应甚至颠覆。

在发现澳大利亚之前，17世纪之前的欧洲人认为天鹅都是白色的。因为欧洲人没有见过黑天鹅，“所有的天鹅都是白的”就成了一个没有人怀疑的事实，一直到人们在澳大利亚发现黑天鹅，欧洲人的想法因此一百八十度翻转，黑天鹅也变成了不吉利的象征，像是我们所说的乌鸦一样。这种翻转会造成人们心理很剧烈的震荡，因为“所有的天鹅都是白的”有数万只的白天鹅作证，但是要推翻它，只需要一只黑天鹅就足够了。黑天鹅的存在寓意着不可预测的重大稀有事件，它在意料之外，却又改变一切。人类总是过度相信经验，而不知道一只黑天鹅的出现就足以颠覆一切。然而，无论是在对股市的预期，还是政府的决策中，或是普通人日常简单的抉择中，黑天鹅都是无法预测的。

1998年，长期资本管理公司的模型预测，发展中国家的债券利率将下降，欧美发达国家的债券利率将上升，但二者之间的差距将逐渐缩小。

他们再次抓住机会，锁定两类债券的利率之差，静候到期收取暴利，连续的成功会令人冲昏头脑，这一次，他们将总投资规模扩大到了不可思议的3250亿美元。这是用几十亿美元的自有资金，撬动了3250亿美元的债券资产。

### 杠杆融资

杠杆融资是以企业兼并为活动背景的，是指某一企业拟收购其他企业进行结构调整和资产重组时，以被收购企业资产和将来的收益能力做抵押，从银行筹集部分资金用于收购行为的一种财务管理活动。在一般情况下，借入资金占收购资金总额的70%－80%，其余部分为自有资金，通过财务杠杆效应便可成功的收购企业或其部分股权。通过杠杆收购方式重新组建后的公司总负债率为85%以上，且负债中主要成分为银行的借贷资金。在当前市场经济条件下企业日益朝着集约化、大型化的方向发展，生产的规模性已成为企业在激烈的竞争中立于不败之地重要条件之一。对企业而言，采用杠杆收购这种先进的融资策略，不仅能迅速地筹措到资金，而且收购一家企业要比新建一家企业来的快、而且效率也高。

◆ 面对国际油价暴涨的俄罗斯

然而，到了8月份，由于国际油价暴跌，俄罗斯经济极度困难，俄罗斯政府突然宣布卢布贬值，并一度关闭了债券市场。货币贬值和政府违约导致债券市场发生了趋势性逆转，带动资金从发展中国家流向发达国家，这时发达国家的债券利率下降，而发展中国家的债券利率上升。这和长期资本管理公司投资模型的预测完全相反。

俄罗斯自1992年开始全面的经济转轨以后，一直陷于严重的经济危机中。通货膨胀、投资萎缩、生产下降伴随"休克疗法"和私有化改革的推进而发展。1997年的亚洲金融危机使得全球石油价格与原材料价格下跌，因此外汇收入主要依靠石油和天然气出口的俄罗斯的出口贸易受到沉重打击。俄罗斯于1997年10月和1998年5月先后爆发了两次金融危机。危机首先反映在货币市场和证券市场上，占俄罗斯国债总额约三分之一的外国资本大规模外逃，引起汇率下跌和股市大幅下挫，再贷款利率一度高达150%，股市、债市和汇市基本陷入停盘状态，银行无力应付居民提款，整个金融体系和经济运行几乎瘫痪。1998年8月，政府决定让卢布自由浮动，宣布单方面延期偿付以卢布计价的内债和部分外债，并禁止银行兑现外汇承诺，金融危机全面爆发。

由于从1997年7月到1998年8月新兴市场国家的金融市场几乎都相继出了问题，使国际投资者对新兴市场的可靠性产生怀疑，纷纷撤资避险，形成连锁反应，俄罗斯当然也在其中。

美国对冲基金在俄罗斯金融市场1998年8月那次汇市大跌、股市崩盘、国债停市中遭到了巨大损失，由此造成全球效应。外国投资者在俄国的金融大风波中约损失330亿美元，其中美国长期资本管理公司亏损25亿美元，索罗斯量子对冲基金亏损20亿美元，美国银行家信托公司亏损4.88亿美元。

德国是俄罗斯的最大债权国，俄罗斯出现由金融危机引起的信用危机很快波及德国乃至欧洲。

短短150天，长期资本管理公司的资产净值暴跌90%，出现了43亿美元的巨额亏损。这几乎等于长期资本管理公司的全部资产。

1998年9月23日，通过美国联邦储备局的斡旋，美林和摩根出资接管了长期资本管理公司。华尔街的梦之队黯然谢幕。

然而他们开创的量化投资模式却被华尔街传承下来，时至今日，量化投资已经成为证券投资基金产业的主流投资方式之一。

### 量化投资

量化投资是借助现代统计学、数学的方法，从海量历史数据中寻找能够带来超额收益的多种“大概率”策略，并纪律严明地按照这些策略所构建的数量化模型来指导投资，力求取得稳定的、可持续的、高于平均的超额回报。量化投资属主动投资范畴，本质是定性投资的数量化实践，理论基础均为市场的非有效性或弱有效性。

20世纪70年代，量化投资在美国兴起，并成为一种重要的投资方式。2001至2007年，其投资规模增长4倍多，而2009年量化投资的市场占比达30%以上。2010年后，量化投资和对冲基金的规模再创新高，达到2万多亿美元。量化投资区别于定性投资的鲜明特征就是模型。

## 大师的话

没有人能成功地预测市场的变化。

——格雷厄姆

NO.16

# 创新的温床

它没有纽约交易所光辉的历史，

但是它有对创新永无止境的追求；

它赋予资本发掘风险财富的动力，

让苹果、微软、英特尔，

成长为伟大的企业。

它就是纳斯达克。

GUSHISHILIU:CHUANGXINDEWENCHUANG

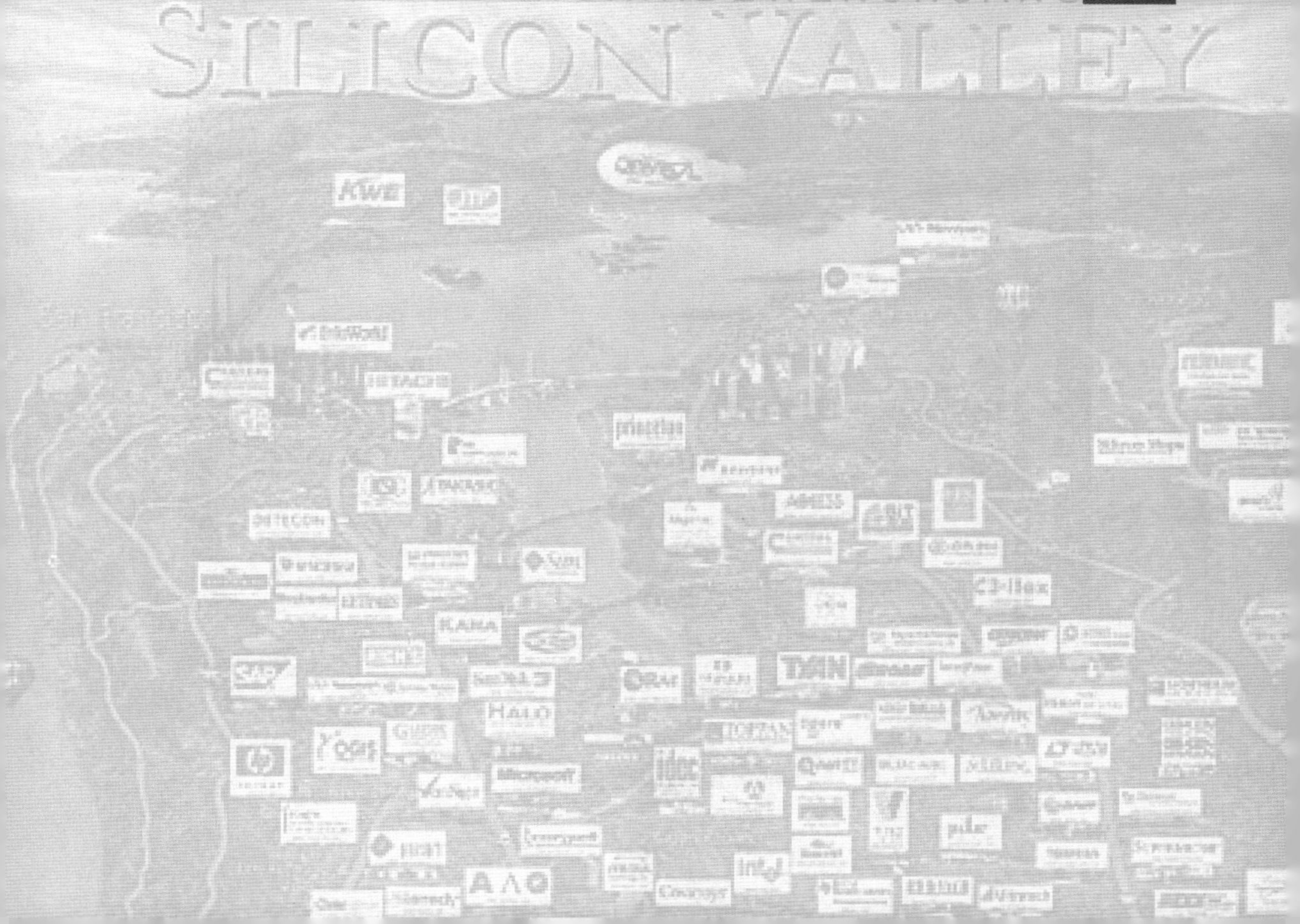

在美国加利福尼亚州有一个地方，聚集了成千上万家高科技企业，因此获得了一个响亮的名字——硅谷。在过去40年间，从这里走出了许多世界级的伟大企业，如英特尔、甲骨文、思科、苹果、谷歌、雅虎等。如果说，硅谷是这些伟大企业诞生的土壤，那么另一片天地，就是这些伟大企业成长的天空。

## 硅谷

地处美国加州北部旧金山湾以南，早期以硅芯片的设计与制造著称，因而得名。后来其它高技术产业也蓬勃发展，硅谷的名称现泛指所有高技术产业。硅谷是美国高科技人才的集中地，更是美国信息产业人才的集中地，目前在硅谷，集结着美国各地和世界各国的科技人员达100万以上，美国科学院院士在硅谷任职的就有近千人，获诺贝尔奖的科学家就达30多人。硅谷是美国青年心驰神往的圣地，也是世界各国留学生的竞技场和淘金场。

在地理上，硅谷起先仅包含圣塔克拉拉(Santa Clara) 山谷，主要在圣塔克拉拉县和圣何塞(San Jose) 市境内，之后逐渐扩展，也包括周边如圣马刁县 (San Mateo County)，阿拉米达县 (Alameda County) 的一部分。硅谷不是一个地理名词，在地图上一般不做标注。

硅谷这个词最早是由Don Hoefler在1971年创造的。它从1971年的1月11日开始被用于《每周商业》报纸电子新闻的一系列文章的题目——美国硅谷。之所以名字当中有一个“硅”字，是因为当地的企业多数是与由高纯度的硅制造的半导体及电脑相关的。而“谷”则是从圣塔克拉拉谷中得到的。而当时的硅谷就是旧金山湾南端沿着101公路，从门罗公园、帕拉托经山景城、桑尼维尔到硅谷的中心圣克拉拉，再经坎贝尔直达圣何赛的这条狭长地带。这些位于旧金山湾两岸地区的加入使硅谷迅猛地发展起来。

硅谷的门罗公园的沙丘路绵延数里，因密布着掌管2600亿美元的上百家创投资本而被称作“美国西海岸的华尔街”。

电脑芯片，镶嵌着精密的集成电路，可进行高速运算，被称为电脑的大脑。从电脑和手机，到卫星和导弹，都离不开一块小小的芯片。它的诞生，是智慧和资本的结晶。

1968年一个名叫“英特尔”的公司在硅谷成立了，这是一家半导体芯片公司，两位创始人，一个名叫诺伊斯，另一个就是摩尔定律的发明人——戈登·摩尔。两个人共同出资49万美元，还有另外一个人凑了一万，区区50万美元，就是英特尔公司的全部启动资金。

◆ Intel 旧址

◆ 罗伯特·诺伊斯

罗伯特·诺伊斯——“硅谷之父”，1927年12月，生于美国爱荷华州。中学毕业后，考入格林纳尔学院，同时学习物理、数学两个专业。1953年获麻省理工学院物理学博士学位。他与别人共同创办了两家硅谷最伟大的公司之一，第一家是半导体工业的摇篮——仙童（Fairchild）公司，已成为历史；第二家则仍跻身美国最大的公司之列，这就是英特尔公司。并且是有史以来最重要电子器件集成电路的发明者。

## 摩尔定律

当价格不变时，集成电路上可容纳的电晶体数目，约每隔24个月（现在普遍流行的说法是“每18个月增加一倍”）便会增加一倍，性能也将提升一倍；或者说，每一美元所能买到的电脑性能，将每隔18个月翻两倍以上。这一定律揭示了信息技术进步的速度。随着科技的发展，商品性能会变得越来越好，而价格却变得越来越便宜。

“摩尔定律”的创始人是戈登·摩尔，大名鼎鼎的芯片制造厂商Intel公司的创始人之一。20世纪50年代末至60年代初半导体制造工业的高速发展，导致了“摩尔定律”的出现。

早在1959年，美国著名半导体厂商仙童公司首先推出了平面型晶体管，紧接着于1961年又推出了平面型集成电路。这种平面型制造工艺是在研磨得很平的硅片上，采用一种所谓“光刻”技术来形成半导体电路的元器件，如二极管、三极管、电阻和电容等。只要“光刻”的精度不断提高，元器件的密度也会相应提高，从而具有极大的发展潜力。因此平面工艺被认为是“整个半导体工业键”，也是摩尔定律问世的技术基础。

1965年4月19日，时任仙童半导体公司研究开发实验室主任的摩尔应邀为《电子学》杂志35周年专刊写了一篇观察评论报告，题目是：“让集成电路填满更多的元件”。摩尔应这家杂志的要求对未来十年间半导体元件工业的发展趋势作出预言。据他推算，到1975年，在面积仅为四分之一平方英寸的单块硅芯片上，将有可能密集65000个元件。他是根据器件的复杂性（电路密度提高而价格降低）和时间之间的线性关系作出这一推断的，他的原话是这样说的：“最低元件价格下的复杂性每年大约增加一倍。可以确信，短期内这一增长率会继续保持。即便不是有所加快的话。而在更长时期内的增长率应是略有波动，尽管没有充分的理由来证明，这一增长率至少在未来十年内几乎维持为一个常数。”这就是后来被人称为“摩尔定律”的最初原型。这里需要特别指出的是，摩尔定律并非数学、物理定律，而是对发展趋势的一种分析预测，因此，无论是它的文字表述还是定量计算，都应当容许一定的宽裕度。从这个意义上看，摩尔的预言实在是相当准确而又难能可贵的了，所以才会得到业界人士的公认，并产生巨大的反响。

◆ 戈登·摩尔

1929年1月3日出生在加州旧金山的佩斯卡迪诺。曾获得加州大学伯克利分校的化学学士学位，并且在加州理工大学（CIT）获得物理化学博士学位。20世纪50年代中期他和集成电路的发明者罗伯特·诺伊斯一起，在威廉·肖克利半导体公司工作。后来，诺伊斯和摩尔等8人集体辞职创办了半导体工业史上有名的仙童半导体公司。仙童成为现在的Intel和AMD之父。1965年提出“摩尔定律”，1968年创办Intel公司，1987年将CEO的位置交给格鲁夫。1990年被布什总统授予“国家技术奖”，2000年创办拥有50亿美元资产的基金会。2001年退休，退出Intel的董事会。

## 仙童半导体公司

是第一家由风险资金支持创立的企业，成立于1959年，它生产出了第一个商用集成电路，也是当时世界上最大、最富有创新精神和最令人振奋的半导体生产企业，为硅谷的成长奠定了坚实的基础。该公司的创投资本是Venrock Assocrares的前身（该机构于1969年由洛克菲勒家族创立）。

也在这一年，远在千里的美国东海岸，一个名为全美证券交易商协会的组织通过了一项计划，要建立一个统一的自动报价系统，以规范当时混乱不堪的场外股票交易市场。

1971年，世界上第一款微处理器芯片在英特尔公司诞生。它将打开一个全新的数字智能时代。而就在此时，英特尔公司遇到了创业者最大的苦恼：他们迫切需要的第一是资金，第二是资金，第三还是资金。

企业融资最直接的路径就是上市，但是当时在纽约股票交易所上市的门槛，对英特尔来说高不可攀，最刚性的条件之一是持续三年盈利，且每年盈利不得低于500万美元。

正在英特尔公司一筹莫展的时候，同年2月8日，一个新的企业融资市场出现了。它为不符合纽约股票交易所上市条件的公司打开了一扇门。这是世界上第一个股票自动报价交易系统，简称纳斯达克。

◆ 纳斯达克广告屏

纳斯达克是美国的一个电子证券交易机构，是由纳斯达克股票市场公司所拥有与操作的。NASDAQ是全国证券业协会行情自动传报系统（National Association of Securities Dealers Automated

Quotations system）的缩写，创立于1971年，纳斯达克的特点是收集和发布场外交易非上市股票的证券商报价，它现已成为全球第二大的证券交易市场。

纳斯达克指数是反映纳斯达克证券市场行情变化的股票价格平均指数，基本指数为100。纳斯达克的上市公司涵盖所有新技术行业，包括软件和计算机、电信、生物技术、零售和批发贸易等。世人瞩目的微软公司便是通过纳斯达克上市并获得成功的。纳斯达克（NASDAQ）股票市场是世界上主要的股票市场中成长速度最快的市场，而且它是首家电子化的股票市场。每天在美国市场上换手的股票中有超过半数的交易在纳斯达克上进行的，将近有5400家公司的证券在这个市场上挂牌。纳斯达克在传统的交易方式上通过应用当今先进的技术和信息——计算机和电讯技术使它与其它股票市场相比独树一帜，代表着世界上最大的几家证券公司519位券商被称作做市商，他们在纳斯达克上提供了6万个竞买和竞卖价格。这些大范围的活动由一个庞大的计算机网络进行处理，向遍布55个国家的投资者显示其中的最优报价。

上市标准和条件上市标准：

| 标准一 | 标准二 | 标准三 |
|---|---|---|
| （1）股东权益达1500万美元；<br>（2）最近一个财政年度或者最近3年中的两年中拥有100万美元的税前收入；<br>（3）110万的公众持股量；<br>（4）公众持股的价值达800万美元；<br>（5）每股买价至少为5美元；<br>（6）至少有400个持100股以上的股东；<br>（7）3个做市商；<br>（8）须满足公司治理要求。 | （1）股东权益达3000万美元；<br>（2）110万股公众持股；<br>（3）公众持股的市场价值达1800万美元；<br>（4）每股买价至少为5美元；<br>（5）至少有400个持100股以上的股东；<br>（6）3个做市商；<br>（7）两年的营运历史；<br>（8）须满足公司治理要求。 | （1）市场总值为7500万美元；或者资产总额达及收益总额分别达7500万美元；<br>（2）110万的公众持股量；<br>（3）公众持股的市场价值至少达到2000万美元；<br>（4）每股买价至少为5美元；<br>（5）至少有400个持100股以上的股东；<br>（6）4个做市商；<br>（7）须满足公司治理要求。 |

企业想在纳斯达克上市，需符合以下三个条件及一个原则：

**先决条件**——经营生化、生技、医药、科技（硬件、软件、半导体、网络及通讯设备）、加盟、制造及零售连锁服务等公司，经济活跃期满一年以上，且具有高成长性、高发展潜力者。

**消极条件**——有形资产净值在美金五百万元以上，或最近一年税前净利在美金75万元以上，或最近三年其中两年税前收入在美金75万元以上，或公司资本市值在美金5000万元以上。

**积极条件**——SEC及NASDR审查通过后，需有300人以上的公众持股（NON-IPO得在国外设立控股公司，原始股东并须超过300人）才能挂牌，所谓的公众持股依美国证管会手册（SEC Manual）指出，公众持股人之持有股数需要在整股以上，而美国的整股即为基本流通单位100股。

**诚信原则**——纳斯达克流行一句俚语：Any company can be listed, but time will tell the tale.（任何公司都能上市，但时间会证明一切）。意思是说，只要申请的公司秉持诚信原则，挂牌上市是迟早的事，但时间与诚信将会决定一切。

1999年2月17日侨兴集团下属公司侨兴环球在美国纳斯达克上市。这是中国企业第一次登录纳斯达克市场。这天侨兴环球一共发行了160万股,每股5.5美金，一举募得890万美金。

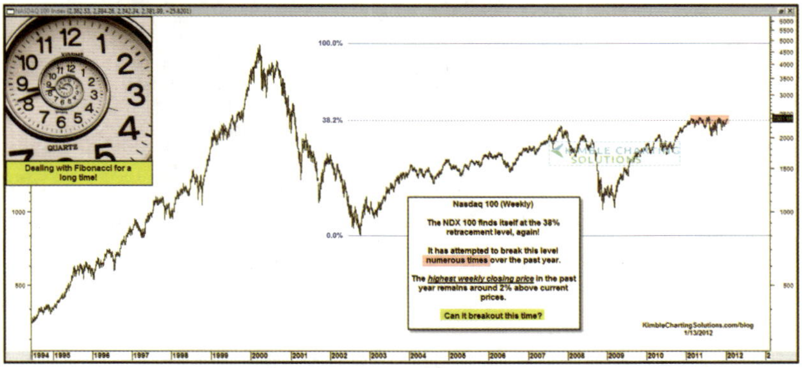


◆ 纳斯达克股市走势图

和纽约股票交易所相比，纳斯达克的上市门槛很低，甚至没有任何盈利的公司，也能够在纳斯达克上市，这对于急需资金的英特尔公司来说，纳斯达克犹如及时雨。

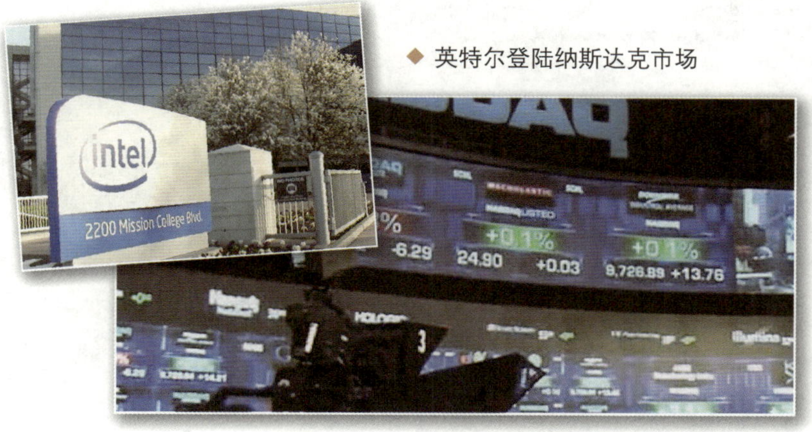

◆ 英特尔登陆纳斯达克市场

1971年10月13日，英特尔成功登陆纳斯达克，首次融资820万美元，一举扫清了英特尔腾飞的障碍。一代又一代处理器，让英特尔生产的芯片占据了全球80%以上的市场份额。伴随着股票价格的上涨，英特尔公司的市值如今已高达1100多亿美元。然而英特尔并不是纳斯达克造就的唯一奇迹，甚至算不上一个最成功的故事。

1980年12月12日，苹果公司股票在纳斯达克上市，挂牌不到一个小时，460万股被抢购一空，当日收盘每股29美元。包括创始人乔布斯在内，一天之间，纳斯达克为苹果生产了4名亿万富翁，还有40多名员工，身价超过了百万美元。

纳斯达克市场的一个俗称是亿万富豪的温床，而成就纳斯达克伟业的是以互联网为代表的新技术革命。

20世纪90年代初，互联网走进人们的生活，迅速扩展到各行各业。一时间，成千上万家互联网公司成立，其中许多公司成功登陆了纳斯达克，这印证了纳斯达克市场当年的一句口号：任何公司都能在这里上市，时间会证明一切。

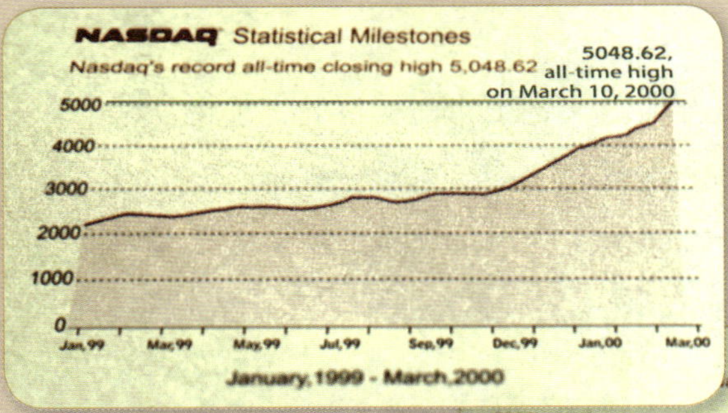


◆ 纳斯达克指数冲上5048点

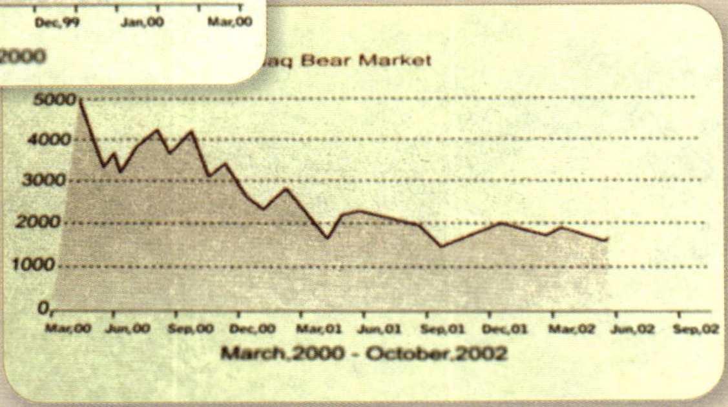


◆ 纳斯达克指数重挫1108点

宽松的上市条件，松散的监管制度，使纳斯达克成为互联网概念鱼目混珠的天堂，巨大的泡沫迅速堆积起来。2000年3月10日，纳斯达克冲上了5048点的巅峰。然而，这一历史高点，也成为互联网泡沫破裂的起点。

2000年3月13日，星期一，纳斯达克市场晴空霹雳，突然掀起了抛售科技股的狂潮。苹果、雅虎、微软等明星公司无一幸免，

纳斯达克市场的世纪大崩盘从此拉开序幕。2000年年底，纳斯达克上市的公司中有500多家公司破产，近40%的公司退市，80%的股票跌幅超过80%，蒸发市值超过3万多亿美元。

一场股市雪崩直到2002年10月10日才停止，这一天，纳斯达克指数回落到1108点。

这一场世纪大崩盘，让纳斯达克大伤元气，几乎一蹶不振，直接导致了纳斯达克转制升级为交易所。但是当这些浑水摸鱼的垃圾公司灰飞烟灭，伟大的公司如沙里淘金，像穿透疾风暴雨的海燕一样，搏击长空，展翅高飞。

2011年8月10日，苹果公司以3000多亿美元的市值超越埃克森美孚石油公司，成为全球市值最高的企业。纳斯达克市场凤凰涅槃，再次成为全球资本市场的翘楚。纳斯达克，打破了纽约股票交易所对企业融资市场的垄断，为创新的高科技企业打开了一扇市场融资之门。纳斯达克成功的基石正是资本对超额利润的渴望，驱动着企业对创新成长的追逐。

◆ 苹果公司创始人史蒂夫·乔布斯

◆ 1980年12月12日，苹果公司在纳斯达克成功上市

苹果公司（Apple Inc.）是美国的一家高科技公司，2007年由苹果电脑公司（Apple Computer, Inc.）更名而来，核心业务为电子科技产品，总部位于加利福尼亚州的库比蒂诺。苹果公司由史蒂夫·乔布斯、斯蒂夫·沃兹尼亚克和Ron Wayn在1976年4月1日创立，在高科技企业中以创新而闻名，知名的产品有Apple II、Macintosh电脑、Macbook笔记本电脑、iPod音乐播放器、iTunes商店、iMac一体机、iPhone手机和iPad平板电脑等。2012年8月21日，苹果成为世界市值第一的上市公司。

苹果公司2012年8月20日成功打破了微软公司此前创造的市值纪录，被各大媒体和市场分析人士誉为“有史以来全球最值钱的公司”。股价大涨推动苹果的总市值上升到6230亿美元，打破了微软公司1999年创造的6205亿美元市值纪录，使其市值冠军增添了历史性的头衔。

## 大师的话

现在一切美好的事物，无一不是创新的结果。

——约翰·斯图亚特·穆勒

# NO.17 峭壁边缘的华尔街

*一场房地产泡沫，*

*被华尔街演绎成次贷的盛宴，*

*当狂欢过后，*

*漠视风险的资本，*

*带来的是席卷全球的金融灾难。*

GUSHISHIQI:QIAOBIBIANYUANDEHUA'ERJIE

◆ 美国国家记者俱乐部

美国国家记者俱乐部是具有美国官方背景的民间社团，其所在地为各国高层政要及大型跨国财团高管发表公开演说之地，是美国新闻界重要的图腾之一。

美国国家记者俱乐部位于首都华盛顿，有100多年的历史。众多政府高官、商业领袖和文化精英在这里发表过演讲。

2008年3月13日，这里坐满了记者，他们在等待财政部长亨利·保尔森的到来。此时，由美国次级房屋贷款引发的金融风暴越演越烈，记者们都想知道，政府会如何应对这场金融风暴。

## 次级房屋信贷危机

由于美国房屋贷款逾期支付不断增加，以2007年4月美国第二大次级房贷公司新世纪金融公司破产事件为标志，由房地产市场蔓延到信贷市场，进而演变为全球性金融危机。不仅从美国金融业蔓延到美国实体经济，并殃及到全球经济，造成美国、欧盟以及新兴市场国家的经济成长放缓，同时伴随全球性的通货膨胀，对全球未来几年的经济前景形成深远影响。

次级抵押贷款是指一些贷款机构向信用程度较差和收入不高的借款人提供的贷款，主要指向低收入、少数族群、受教育水平低、金融知识匮乏的家庭和个人发放的住房抵押贷款。

美国抵押贷款市场的“次级”及“优惠级”是以借款人的信用条件作为划分界限的。根据信用的高低，房贷机构对借款人区别对待，从而形成了两个层次的市场。信用低的人申请不到优惠贷款，只能在次级市场寻求贷款。两个层次的市场服务对象均为贷款购房者。但次级市场的贷款利率通常比优惠级抵押贷款高2%–3%。次级贷款对放贷机构来说是一项高回报业务，但由于次级贷款对借款人的信用要求较优惠级贷款低，借款者信用记录较差，因此次级放贷机构面临的风险也更大。而对借款者个人而言，违约会使其再融资难度加大，丧失抵押品的赎回权，无法享有房价上涨的利益。

◆ 亨利・保尔森

1946年3月28日生于美国佛罗里达州棕榈海滩，1970年从哈佛大学商学院毕业后，保尔森一脚迈进五角大楼，担任国防部长幕僚助理，尼克松总统在任期间，出任总统幕僚助理和白宫内务委员会成员。他曾担任大型投资银行高盛集团的主席和首席执行官。在保尔森的领导下，高盛集团成为华尔街最赚钱的投资银行。从2000年起，高盛就一直保持着全球并购业务第一的地位。作为高盛的掌门人，保尔森发挥的影响力远远超越高盛公司本身。除掌管高盛，保尔森还承担起公共职责，在华尔街发起公司治理运动。例如在2002年，保尔森公开严厉批评美国上市公司的渎职行为；在格拉索案爆发时，他挑头反对格拉索高达1.4亿美元的薪资结构，鼓吹对纽约证交所董事会进行改组，他还支持高盛前首席执行官约翰·塞恩出任纽约证交所首席执行官。作为高盛第一把手的保尔森也跃升为美国最有影响力的金融高手之一。2004年在美国媒体评选的“华尔街权力排行榜”上，他曾高居榜首，而被冠以“华尔街权力之王”的头衔。2006年7月就任美国第74任财政部长。

◆《峭壁边缘》

这本书，书名为《峭壁边缘》，副标题是拯救国际金融，作者是保尔森本人。在这本书中，保尔森回忆说，他原想取消那次讲演，因为在那个时候危机还远未结束，但由于担心市场会过度反应，他如约前往。上午10点整，保尔森出现在国家记者俱乐部的讲坛上，向媒体解释次贷危机的起因。

美国政府为了扩大消费，刺激经济，在过去数年间，推行了居者有其屋的政策，鼓励居民买房。即使是没有固定收入的人也能够获得住房抵押贷款，而这些贷款被称之为次贷。由于买房者增加，美国楼市空前繁荣，房价不断上涨。又由于房价上涨，银行并不担心贷款人的还贷能力。不过为了分散风险，银行把这些贷款集合在一起，形成一种新的证券打包卖出，这就是资产证券化。证券化资产的承销商是投资银行，他们把这些资产推销给合格的机构和个人，有些投资银行还在买入这些次级贷款之后，进一步加工成各种类型的理财产品，这一类理财产品由于收益较高，所以很受机构投资者的欢迎。

## 资产证券化

以特定资产组合或特定现金流为支持，发行可交易证券的一种融资形式。将缺乏流动性的资产，转换为在金融市场上可以自由买卖的证券的行为，使其具有流动性。资产证券化通俗而言是指将缺乏流动性、但具有可预期收入的资产，通过在资本市场上发行证券的方式予以出售，以获取融资，以最大化提高资产的流动性。资产证券化在一些国家运用非常普遍。目前美国一半以上的住房抵押贷款、四分之三以上的汽车贷款是靠发行资产证券提供的。资产证券化是通过在资本市场和货币市场发行证券筹资的一种直接融资方式。

美国抵押贷款发放是针对次级贷款的借款人；而依照次级贷款的定义，这些所谓的借款人皆依照综合标准评量过，其能力不足以偿清贷款。当美国房价在2006至07年度开始下降，抵押违约率上升，而普遍由金融公司持有的住房抵押贷款证券（Mortgage-Backed Security，简称MBS），失去了其大部分的价值。其结果是许多银行和美国政府赞助企业持有的资本大幅下降，造成世界各地紧缩信贷。

## 信用违约互换

它是国外债券市场中最常见的信用衍生产品。在信用违约互换交易中，违约互换购买者将定期向违约互换出售者支付一定费用（称为信用违约互换点差），而一旦出现信用类事件（主要指债券主体无法偿付），违约互换购买者将有权利将债券以面值递送给违约互换出售者，从而有效规避信用风险。

◆ 房利美

如果房价持续上涨，楼市购销两旺，所有参与者都将各得其所。但是好景不长，从2006年下半年起，购房者开始减少，房价从上升转为下降。许多贷款购房者违约不还贷款，金融业的资金链开始断裂。于是商业银行、投资银行和保险公司相继受到了冲击。

保尔森告诉记者，金融风暴的根源，是多年来经济的繁荣和充裕的流动性，让投资人盲目追求高收益，金融业及其监管者视若无睹，丧失了对风险的有效控制。

保尔森向记者讲述了次贷危机的原理，不再多言，然后匆匆离开会场。此时他的头脑高度紧张，因为他知道危机四伏的金融市场随时都可能再度引爆新的危机。

时间进入到2008年8月，保尔森担心的事情终于发生了，美国联邦住房金融局提交的报告显示“两房”的资本金严重不足！

“两房”指的是房地美和房利美，他们是美国政策性的住房抵押贷款融资公司，是美国房贷市场主要的资金提供者，持有和担保的住房抵押贷款额高达5万亿美元。房地美和房利美并不直接给购房者提供贷款，而是通过为商业银行的房屋住房抵押贷款业务提供资金来间接支持房贷市场。

◆ 房地美

**房利美**

即联邦国民抵押贷款协会，成立于1938年，属于由私人投资者控股但受到美国政府支持的特殊金融机构。该公司的主要业务是从抵押贷款公司、银行和其他放贷机构购买住房抵押贷款，并将部分住房抵押贷款证券化后打包出售给其他投资者。房利美的主要目的是盘活银行资产的流动性，把银行的按揭贷款买过来，再转卖给其他投资者，跟美联储的作用差不多。后来大家觉得市场上只有一家公司，缺乏竞争，于是在1970年又成立了房地美，其主要业务跟房利美几乎完全一样。2008年9月发生次贷危机以来由美国联邦住房金融局接管，从纽约证交所退市。

**房地美**

是美国房地产抵押贷款巨头，1970年由国会成立，总部设在华盛顿，主要业务是从抵押贷款公司、银行和其他放贷机构购买住房抵押贷款，并将部分住房抵押贷款证券化后打包出售给其他投资者。房地美公司属于由私人投资者控股但受到美国政府支持的特殊金融机构，其主要目的是盘活银行资产的流动性，开拓美国房地产贷款的二级市场，增加家庭贷款所有权与房屋贷款租金收入。受美国次贷危机的影响，美国房地产抵押贷款巨头房地美于2008年7月身陷700亿美元亏损困境。美国政府2008年9月7日宣布接管陷入困境的美国住房抵押贷款融资机构房地美。

“两房”是非常特殊的金融机构，由于有联邦政府的授权，“两房”可以在证券市场上直接发行3A级债券，为商业银行的抵押贷款业务提供资金。在次贷危机爆发之前，“两房”的债务合计高达1.7万亿美元。保尔森知道，一旦“两房”破产，整个美国金融市场将陷入混乱，而且还将波及到海外的主权国家，所以必须注资救“两房”。2008年9月7日，保尔森宣布联邦政府直接接管“两房”，并撤换管理层，分别向“两房”注入1000亿美元。

事态日趋严重，正如保尔森预料的，危机远没有结束。

2008年9月15号，雷曼兄弟的倒闭将这场次贷危机推向高潮。随后美国国际集团、美林证券、乃至花旗银行相继爆发危机，金融市场风声鹤唳。到2008年年底，这场由次级贷款引发的危机已经使数以千记的商业银行等金融机构倒闭。

2009年1月16日，是保尔森在财政部的最后一个工作日，筋疲力尽的保尔森虽然让全球金融躲过了整体崩溃的危险，但是他知道，危机的根源依然存在。

在资本的世界里，善良的愿望和善意的政策未必产生美好的结果。资本市场需要更理性的思维，更严格的监管。因为，金融危机如影随行，时刻准备卷土重来。

**大师的话**

有人因为贪婪想得到更多，却把现有的也失掉了。

——伊索

NO.18

# 华尔街的3A游戏

资本魔法师，

给高风险戴上了高信用的光环，

次贷由此成为抢手的金融产品，

华尔街迷醉在自己的游戏中，

直到建在沙滩上的巨塔，

轰然坍塌。

GUSHISHIBA:HUA'ERJIEDE3AYOUXI

在华尔街不远的自由街33号，矗立着一座用巨石垒起的建筑，这就是纽约联邦储备银行，它是美国联邦储备系统中最具影响力的银行。

### 美国联邦储备系统

美国联邦储备系统，也称美国联邦储备理事会（联储会），是美国的中央银行体系。由美国国会通过1913年的《联邦储备法案》而创设，以避免再度发生类似1907年的银行危机。

美国最早具有中央银行职能的机构是1791年获批的美国第一银行和美国第二银行。1837年至1862年间的“自由银行时代”美国没有正式的中央银行，而自1862年至1913年间，一个(私营的)国家银行系统起到了这个作用。

美联储是由美国国会在通过欧文——格拉斯法案（又称联邦储备法案）的基础上建立的，由伍德罗·威尔逊总统于1913年12月23日签字。这个立法提供了一个包括十二个地区性储备银行和七个成员的管理委员会的系统。储备银行1914年11月开始营业。国会制造美联储纸币并以弹性货币补给供应整个国家。纸币发行给储备银行并后续传输到其他银行机构且与社会需要保持一致。

美联储的组织结构设计是全世界最复杂的，这是因为其制度设计的初衷是为了使美联储能够保持一定独立性，不为个别集团控制，能够相对公正地代表各个地区的利益集团的利益。联邦储备系统包括：“联邦储备系统理事会”、“联邦公开市场委员会”、“联邦储备银行”、约三千家会员银行、及三个咨询委员会。美国联邦储备系统是以私有形式组织的行使公共目的的私营银行系统。美国政府虽不拥有美联储的股份，但美联储的94%利润转交给美国财政部，剩余6%用于给会员银行发放股息；同时，美国政府任命美联储的所有高级雇员。本·伯南克为现任美联储理事会主席。

◆ 纽约联邦储备银行

纽约联邦储备银行(简称纽约联储，FRBNY)位于曼哈顿的金融区。它是美国联邦储备系统中最重要的、最有影响力的储备银行，负责第二个储备区，在美国的金融领域占据着举足轻重的地位。它有别于全美其他11个地区性银行，因其位处美国金融中心，直接执行中央政府的货币政策，进行大量的外汇交易，管理美国财政部很大一部分的债务。纽约联邦储备银行在美国联邦开放市场委员会和财政部的指导下，承担着执行货币政策和保护正常货币流通的任务。在联邦储备银行的地方系统中，纽约储备银行也是最有力的银行监督者，因为它的势力范围内集中了大量美国和海外的银行。而其总裁，是联邦公开市场委员会的终身会员、副主席，该组织负责制定利率。

2008年9月13日上午9点，在纽约联邦储备银行大楼的会议厅里，华尔街金融巨头聚会。五大投资银行的CEO来了三个，高盛、美林、摩根斯坦利，此外还有花旗集团和美国银行的CEO。会议的召集人是财政部长亨利·保尔森。会议的核心话题是他们共同的竞争对手——濒临破产的雷曼兄弟公司。这家有150多年历史的投资银行命悬一线，而他们的CEO富尔德，却没有在被邀请参会的名单中。雷曼兄弟公司的命运，已经不在自己手中了。

◆ 富尔德

雷曼兄弟公司前CEO迪克·富尔德，他被称为华尔街金融风暴的罪魁祸首，曾经是“华尔街最凶狠的斗牛犬”，如今成了人民公敌。从巅峰跌入低谷，富尔德的一生伴随着雷曼经历了大喜大悲，15年前，临危受命的富尔德接管了当时岌岌可危的雷曼。在他的铁腕统治下，雷曼重新回到了华尔街的顶端行列。2007年，雷曼已经和高盛、摩根士丹利平起平坐，成为第四大国际投行巨头，全年收入为193亿美元。而富尔德接手时这个数字仅仅是30亿美元。他成为公司上下仰慕的超级偶像。在当时的华尔街，富尔德是任期最长、生命力最顽强的投行总裁。但是转折出现在2006年，当时他大举进军按揭市场，买下多家按揭公司及银行，当

◆ 雷曼兄弟公司

时的雷曼拥有次贷证券产品11%的市场份额。随后，美国次贷危机爆发，导致公司大量债务抵押证券无法脱手，最终让拥有158年历史的雷曼关门。

雷曼兄弟公司是美国五大投资银行之一，被称为华尔街的债券之王。这家百年老店为什么会走到今天这步田地呢？让雷曼陷入灭顶之灾的，竟然是他自己一手导演的游戏。

2007年之前，美国奉行低利率政策。为了刺激经济，美国政府还鼓励民众贷款买房，甚至很多没有固定工作的低收入家庭，也都贷款买上了房子。这类信用等级较低的贷款，被称为次级贷款。由于次级贷款违约风险较高，贷款利率自然较高，雷曼兄弟从中看到了机会。

美国五大投资银行包括高盛、摩根士丹利、美林、雷曼兄弟和贝尔斯登。现在美国五大投资银行仅剩下高盛和摩根士丹利。

**高盛集团**一家国际领先的投资银行和证券公司，向全球提供广泛的投资、咨询和金融服务，拥有大量的多行业客户，包括私营公司，金融企业，政府机构以及个人。高盛集团成立于1869年，是全世界历史最悠久及规模最大的投资银行之一，总部设在纽约，并在东京、伦敦和香港设有分部，在23个国家拥有41个办事处。

高盛公司是由德国移民马库斯·高曼于1869年创立的。高盛公司成立于1869年，在19世纪90年代到第一次世界大战期间，投资银行业务开始形成，但与商业银行没有区分。高盛公司在此阶段最初从事商业票据交易，创业时只有一个办公人员和一个兼职记账员。创始人马可斯·戈德门每天沿街打折收购商人们的本票，然后在某个约定日期里由原出售本票的商人按票面金额支付现金，其中差额便是马可斯的收入。1882年，他的女婿萨缪尔·萨克斯加入了公司。1885年，马库斯·高曼把他的儿子亨利和Ludwig Dreyfuss带入了公司，并且把公司取名为高盛。高盛公司成为了在此阶段从事商业票据交易的先锋，并于1896年加入了纽约证券交易所。20世纪初，股票包销包括首次公开募股业务使高盛成为真正的投资银行，公司1906年帮助Sear Roebuck公司发行了当时规模最大的首次公开募股。后来高盛增加贷款、外汇兑换及新兴的股票包销业务，规模虽小，却是已具雏形。股票包销业务使高盛变成了真正的投资银行。20世纪70年代，高盛抓住一个大商机，从而在投资银行界异军突起。当时资本市场上兴起“恶意收购”，恶意收购的出现使投资行业彻底打破了传统的格局，催发了新的行业秩序。高盛率先打出“反收购顾问”的旗帜，帮助那些遭受恶意收购的公司请来友好竞价者参与竞价、抬高收购价格或采取反托拉斯诉讼，用以狙击恶意收购者。高盛一下子成了遭受恶意收购者的天使。反恶意收购业务给高盛投资银行部带来的好处是难以估量的。在1966年并购部门的业务收入是60万美元，到了1980年并购部门的收入已升至大约9000万美元。1989年，并购部门的年收入是3.5亿美元，仅仅8年之后，这一指标再度上升至10亿美元。高盛由此真正成为投资银行界的世界级“选手”。

---

**摩根士丹利**财经界俗称“大摩”，是一家成立于美国纽约的国际金融服务公司，提供包括证券、资产管理、企业合并重组和信用卡等多种金融服务，目前在全球27个国家的600多个城市设有代表处，雇员总数达5万多人。2008年9月，更改公司注册地位为“银行控股公司”。

摩根士丹利原是J·P·摩根中的投资部门，1933年美国经历了大萧条，国会通过《格拉斯—斯蒂格尔法》，禁止公司同时提供商业银行与投资银行服务，摩根士丹利于是作为一家投资银行于1935年9

月5日在纽约成立，而JP摩根则转为一家纯商业银行。 1941年摩根士丹利与纽约证券交易所合作，成为该证交所的合作伙伴。公司在1970年代迅速扩张，雇员从250多人迅速增长到超过1,700人，并开始在全球范围内发展业务。1986年摩根士丹利在纽约证券交易所挂牌交易。进入1990年代，摩根士丹利进一步扩张，于1995年收购了一家资产管理公司，1997年则又兼并了西尔斯公司下设的投资银行迪安·威特公司，并更名为摩根士丹利迪安·威特公司。2001年公司改回原先的名字摩根士丹利。摩根士丹利是最早进入中国发展的国际投资银行之一，多年来业绩卓越。在2012年财富世界500强排行榜中排名第261位。

---

**美林证券**是世界最著名的证券零售商和投资银行之一，公司创办于1914 年1月7日，当时美瑞尔正在纽约市华尔街7号开始他的事业。几个月后，美瑞尔的朋友，林区加入公司，于是在1915年公司正式更名为美林。1920年代，美林公司纽约办公室坐落于百老汇120号。作为世界的最大的金融管理咨询公司之一。2008年，受次贷危机影响，亏损严重，被美国银行收购。

---

**美国雷曼兄弟公司**雄厚的财务实力支持其在所从事的业务领域的领导地位，并且是全球最具实力的股票和债券承销和交易商之一。同时，公司还担任全球多家跨国公司和政府的重要财务顾问，拥有包括众多世界知名公司的客户群，如阿尔卡特、美国在线时代华纳、戴尔、富士、IBM、英特尔、美国强生、乐金电子、默沙东医药、摩托罗拉、NEC、百事、菲利普莫里斯、壳牌石油、住友银行及沃尔玛等。2008年9月15日，由于受次贷危机影响，雷曼兄弟公司出现巨额亏损，负债达6130亿美元，宣布申请破产保护，结束其158年的营运。2012年 结束破产保护期并于4月开始首批债务清偿。

贝尔斯登公司成立于1923年，总部位于纽约市，主营金融服务、投资银行、投资管理。公司业务涵盖企业融资和并购、机构股票和固定收益产品的销售和交易、证券研究、私人客户服务、衍生工具、外汇及期货销售和交易、资产管理和保管服务，还为对冲基金、经纪人和投资咨询者提供融资、证券借贷、结算服务以及技术解决方案。有85年历史的贝尔斯登，历经了美国20世纪30年代的大萧条和多次经济起落，但终于在2008年的美国次级贷款风暴中严重亏损，濒临破产而被摩根大通收购。2010年1月，摩根大通决定不再继续使用“贝尔斯登”的名称。

在债券市场，人们用3A，2A，3B，2B，来评价不同资产的信用等级。雷曼兄弟公司发现，当穷人和富人购买同类房产时，资产都是3A级资产，贷款利率却有两种。银行发给穷人的贷款利率远高于给富人的贷款利率。由此，雷曼兄弟公司设计了一个精巧的游戏。

以两种贷款利率之差为基础，雷曼兄弟公司推出各种不同类型的固定收益产品。收益率高的，高达30%之上，收益率低的，却只有3%–4%，却都贴着3A级的金字招牌。

可想而知，以次级贷款为基础具有较高收益率的3A级产品更受市场追捧，成为固定收益产品市场的畅销货，甚至远销国外，进入其他国家的外汇储备资产。

如此一来，原本违约率较高的次级贷款，竟然摇身一变，成

为挂着3A级品牌的高收益理财产品。

华尔街把美国穷人贷款买房的高风险，转嫁到全球化的理财产品市场中，这就是固定收益产品的3A级游戏。在这个游戏中，雷曼兄弟公司居于垄断地位，异军突起，不到十年就挤入了美国五大投行之列。





### 债券评级

投资者可以通过信用评级机构的评级判断债券的信用情况。一般来说，信用级别越高的债券，其安全性越高。

A级债券利率的变化比经济状况的变化更为重要。因此，一般人们把A级债券称为信誉良好的“金边债券”，对特别注重利息收入的投资者或保值者是较好的选择。适合投资级别的债券被视为安全类投资，收益率最低。这类债券的最高级别的为AAA。一些信托投资机构（如银行和保险公司）只被允许投资这类债券。

B级债券对那些熟练的证券投资者来说特别有吸引力，因为这些投资者不情愿只购买收益较低的A级债券，而甘愿冒一定风险购买收益较高的B级债券。

C级和D级，是投机性或赌博性的债券。从正常投资角度来看，没有多大的经济意义但对于敢于承担风险，试图从差价变动中取得巨大收益的投资者，C级和D级债券也是一种可供选择的投资对象。

目前国际上公认的最具权威性的信用评级机构，主要有美国标准·普尔公司和穆迪投资服务公司。上述两家公司负责评级的债券很广泛，包括地方政府债券、公司债券、外国债券等，由于它们占有详尽的资料，采用先进科学的分析技术，又有丰富的实践经验和大量专门人才，因此它们所做出的信用评级具有很高的权威性。标准·普尔公司信用等级标准从高到低可划分为：AAA级、AA级、A级、BBB级、BB级、B级、CCC级、CC级C级和D级。穆迪投资服务公司信用等级标准从高到低可划分为：Aaa级，Aa级、A级、Baa级、Ba级B级Caa级、Ca级、C级。两家机构信用等级划分大同小异。前四个级别债券信誉高，风险小，是“投资级债券”；第五级开始的债券信誉低，是“投机级债券”。

标准·普尔公司和穆迪投资服务公司都是独立的私人企业，不受政府的控制，也独立于证券交易所和证券公司。它们所做出的信用评级不具有向投资者推荐这些债券的含义，只是供投资者决策时参考，因此，它们对投资者负有道义上的义务，但并不承担任何法律上的责任。

不过，成也萧何，败也萧何。所有这些号称3A级的理财产品，源头都是贷款人的信用，也就是贷款人持续还本付息的能力。在错综复杂的游戏背后，只有一个简单的逻辑，一旦美国穷人违约不还贷款，整个市场就会像建在沙滩上的宝塔一样，顷刻倒塌。

2007年下半年，美国房地产市场降温，房价开始大幅度下跌。越来越多的贷款人违约，从而切掉了一些3A级理财产品的现金流。优质资产瞬间变成有毒资产，进而引发了席卷全球的次贷危机。雷曼经营的3A理财产品迅速进入冰封期，由于流动性枯竭，资产质量迅速恶化。2008年6月，雷曼公司被迫融资60亿美元，为他自己经营的理财产品市场提供流动性。这笔融资虽然让雷曼兄弟公司有了暂时的喘息机会，却大大降低了雷曼公司本身的信用，从而触发了雷曼公司股价暴跌。

◆ 次贷危急中美国房价跳水

巨头们齐聚纽约美联储大楼，商讨如何拯救雷曼。然而这次会议，却成了压垮雷曼公司的最后一根稻草。巨头们不仅未能达成协议拯救雷曼，反而把雷曼公司推给政府，而在此时美国政府更不可能给雷曼公司输血，于是等待雷曼公司的就只有一条路。



### 市场流动性

通常简称流动性，指资产在无太大损失下能够以一个合理的价格顺利变现的能力，它是一种所投资的时间尺度（变为现金的难易程度）和价格尺度（与公平市场价格相比的折扣）之间的关系。也指市场参与者广泛，同时买卖双方报价差距也很小，交易便利的市场状态。市场流动性是衡量市场状态是否良好的重要指标。市场流动性的具体体现形式是，在繁荣的市场中，金融产品的活跃交易。市场流动性是股票市场的生命力所在，如果因缺乏流动性而难以达成交易，市场也就失去了其存在的价值。因此可以说“流动性是市场的一切。”

影响市场流动性的因素很多，也很复杂，在国际清算银行的报告(BIS，1999)中，将影响市场流动性的因素分为三类：产品设计的影响、市场微观结构的影响、市场参与者行为的影响。

流动性风险是指经济主体由于金融资产的流动性的不确定性变动而遭受经济损失的可能性。流动性风险包括资产流动性风险和负债流动性风险。

2008年9月15日，星期一，有着158年历史的雷曼兄弟公司宣告破产。18天之后，在2008年10月3日，美国国会通过了总额高达7000亿美元的金融市场救助计划。雷曼兄弟公司消失在黎明之前，留下了一个无言的结局。

布什政府的金融援助计划，这项7000亿美元的计划实际上相当于对一系列抵押贷款和抵押贷款支持证券实行国有化——这些证券的价值不断缩水已经危及到美国金融体系的运转。

内容要点：2008年10月3日，美国总统布什批准了《2008年紧急经济稳定法案》，推出有史以来最大规模的7000亿美元计划。主要内容包括：一是授权美国财政部处理问题资产救助计划，在两年有效期内分步使用7000亿美元资金，通过“资本收购计划”、“目标投资计划”以及“资产保证计划”等购买金融机构受损资产；二是建立问题资产处置计划后，允许财政部向金融机构受损失资产提供保险；三是成立金融稳定监督委员会和独立委员会对法案的实施进行监督；四是要求将美国国债最高法定限额从现有的10.6万亿美元提高到11.3万亿美元，以便为政府实施救援计划留下资金空间；五是将保护纳税人利益放在重要位置；六是增加对丧失抵押品赎回权的房贷申请人帮助。

资金来源：主要依靠增发国债，而联储方面筹措资金的渠道则来自资产置换、财政注资和货币政策工具创新（杠杆化），其中，资产置换超过3000亿美元，财政注资2000亿美元，其余部分为货币政策工具创新。

资金使用及实施情况：7000亿美元的“不良资产救助计划”（TARP）横跨两届美国政府。TARP下辖8个项目，在保尔森担任财长期间，分配给其的3500亿美元额度主要用于收购银行、保险公司等金融机构的不良资产。到了奥巴马政府，财长盖特纳把TARP余下的3000

多亿美元重点用于救助房地产业，以及用于帮助消费者和中小企业贷款等方面。此外，盖特纳还在2009年上任之初用TARP资金做了银行业的压力测试。

在现代市场经济，资本有化腐朽为神奇的魔力。但是，再神奇的资本魔术也要以实体经济为支点。没有实体经济支撑的资本游戏如同沙上建塔，无论宝塔的结构如何精美也无济于事，这就是雷曼破产给我们的启示。

## 大师的话

错误并不可耻，可耻的是错误已经显而易见了，却还不去修正！

——乔治·索罗斯

NO.19

# 完美的骗局

良好的口碑，

超额的回报，

有权势的客户，

麦道夫用古老的庞氏骗术，

编织出一个惊世骗局，

让人们在利益的诱惑下，

忘掉了最基本的常识。

GUSHISHIJIU:WANMEIDEPIANJU

◆ 纽约南区联邦法院

纽约曼哈顿联邦法庭，坐落在曼哈顿中心区，这里曾审理过许多知名的大案要案。2009年6月29日，一场号称“世纪骗局”的金融大案在这里宣判，被告是一位白发苍苍的老者。最终法院判决这位70岁的老人150年监禁。

◆ 麦道夫受审

这个人，伯纳德·麦道夫，他就是这个世纪骗局的主角。2008年12月10日晚，麦道夫把大儿子叫到办公室，告诉他，基金面临70亿美元的赎回压力，再也撑不下去。更让他儿子震惊的是，麦道夫坦白了一个惊天的秘密，他们管理的基金从来就没有进行过任何投资，多年来他们做的就是一件事情，不断用新客户的钱为老客户支付收益，这是一个纯粹的骗局。

◆ 伯纳德·麦道夫

1938年生于美国纽约一个普通犹太家庭。1960年在华尔街成立麦道夫投资证券公司并任总裁，他的公司从交易“便士股票”开始起家到成为华尔街有最有声望的公司之一。他还做过交易员、投资顾问、纳斯达克股票市场主席和许多董事会的成员。麦道夫还为许多非营利的慈善机构募捐，那些他曾服务过的非营利机构也把捐款投入到他的公司。1990年成立麦道夫资产管理公司，建立对冲基金。当时，对冲基金风行华尔街，麦道夫的同宗索罗斯的量子基金阻击英镑成功，震惊世界，对冲基金成为资金追捧的目标。麦道夫看准时机，在美国最著名的高档会所棕榈滩，买下天价别墅，接触、忽悠有钱人投资他的基金，许以高达10%—15%的高回报和2%的返佣，传销他所谓的对冲基金。到2008年1月，麦道夫公司管理资金达171亿美元。基金成立12年间，年均回报率5.6%，同期标普下降了37%，麦道夫逆市赚钱名声已经不在索罗斯之下。

麦道夫的大儿子，也是基金的监理人，他在听完麦道夫的坦白后，决定履行自己的职责，当即告发了他的父亲。次日，麦道夫被捕，一个长达20年的骗局大白于天下。麦道夫案的受害者遍布全球，总计有2400多个富人和机构上当受骗，涉案金额高达500亿美元，这是美国有史以来数额最大的金融诈骗案。

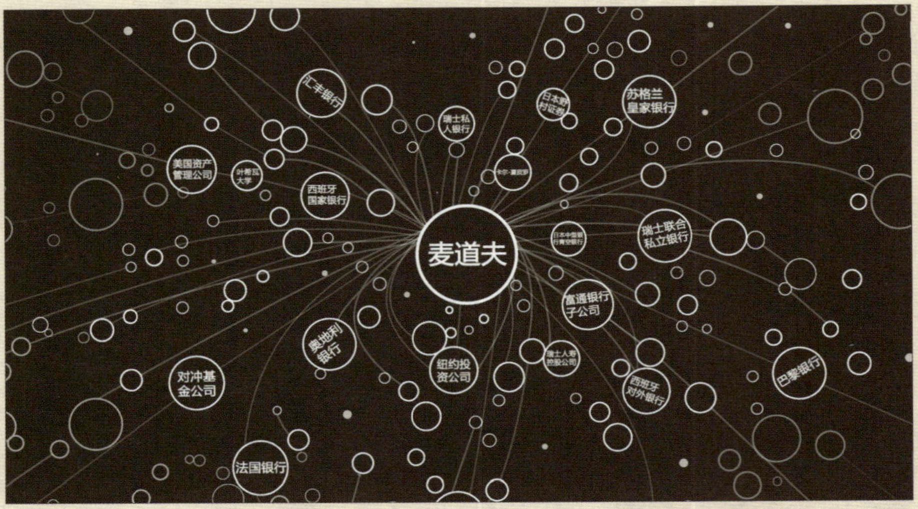

◆ 庞兹

麦道夫的骗术，说到底就是借新债还旧债，债债不还；拆东墙补西墙，墙墙不倒。其实，麦道夫并非此骗术的第一人。1918年，一个叫“庞兹”的意大利人，就是用这种手法，在短短一年之间骗了1500多万美元，从此，这种骗术被称为“庞氏骗局”。

一个曾经被揭穿的古老骗术，为何又能在美国大行其道呢？

首先，纳斯达克前主席的身份，让麦道夫戴上了商界名流的光环。在任职纳斯达克市场期间，麦道夫积极推进股票的电子化交易，并促成了谷歌、思科和苹果等著名企业的上市，为自己建立了良好的口碑。

◆ 麦道夫在纳斯达克

其次，麦道夫管理的基金，在1990年创立之后，以稳健成长的业绩在富人圈中享有盛誉。即使是在经济萧条时期，麦道夫的基金仍然能够保持每年8%

到12%的收益率，远高于可比的美国国债的收益率。对于追求安全的机构投资者和富人阶层来说，麦道夫管理的基金，就像是一座金矿，基金会员中的犹太富人，甚至称其为“犹太债券”。



## 犹太债券

在名流富贾的各种酒会晚宴上，一些犹太老人称麦道夫是“犹太债券”，能给出8%至12%的投资回报，而且每年如此。不管金融市场形势如何。这个回报率就等同于美国财政部发行的短期国债一样牢靠，可见其信用度很高。麦道夫曾吹嘘：“我在上涨的市场中赚钱，下跌的市场中也赚钱，只有缺乏波动的市场才会让我无计可施。”数以百计的银行、对冲基金和富裕的个人都放心的把自己手中的钱交给麦道夫基金，因为他承诺的是一个如此诱人的数字——即使是艰难时势，一年仍有10%到15%的增长率。

## 庞氏骗局

“庞氏骗局”是一种最古老和最常见的投资诈骗，就是“拆东墙补西墙”或“借钱还钱”。这种骗术是一个名叫查尔斯·庞兹的投机商人“发明”而得名的。庞兹是生活在19至20世纪的意大利裔投机商，1903年移民到美国，1919年他欺骗投资者向一个事实上子虚乌有的企业投资，许诺投资者将在3个月内得到40%的利润回报，然后，庞兹把新投资者的钱作为快速盈利付给最初投资的人，以诱使更多的人上当。由于前期投资的人得到的回报高，庞兹成功地在7个月内吸引了3万名投资人，但实际上没有任何投资，而是用投资者的钱循环支付更多的投资者，这场阴谋持续了一年之久才被人揭发。用高息吸引投资，用后进者的本金支付给先进者的本息的办法敛财的证券诈骗案被称为“庞氏骗局”。早在1857年，英国作家查尔斯·狄更斯的长篇小说《小杜丽》中就描述过这样的骗局。

为了增强骗局的迷惑性，麦道夫在营销手段上煞费苦心。他严格筛选每一位投资人，审慎评估投资人的资金实力和风险承受能力。为了让骗局长期延续下去，他甚至拒绝了一些大客户。此外，基金的新客户必须有老客户的推荐。而麦道夫的口头禅之一就是“不再接收新客户”。

正是这样的氛围，让每一个上当的人都被冠以“成熟投资人”的光环。投资麦道夫的基金，就像加入了一个明星俱乐部。在他们看来，成为麦道夫基金的投资人，就是完美人生中的一项完美投资。

然而，在次贷危机爆发之后，麦道夫的完美投资不断面临被赎回的要求。2008年年底，欧洲一只养老基金提出要在一周之内赎回70亿美元的本金，正是这笔大额赎回，让麦道夫的骗局走向灭亡。

◆ 哈里·马克波洛斯

美国特许金融分析师，2002年至2003年任波士顿证券分析师协会主席和CEO，而后到一家投资管理公司做首席投资官。哈里因同业关系，受命于公司研究学习麦道夫的赚钱方法。他跟踪麦道夫公司向客户提供的相关交易数据，进行模拟演示，结果什么都模拟不出来。他遭到同事们的嘲笑，这个曾有过10多年军龄的美军预备役上校，被激起斗志。哈里认真研究发现，麦道夫可能根本没有投资，1999年，他写具名举报信给SEC（美国证券交易委员会），没有回音。2005年，他又写了一封长达21页的《当今世界最大的对冲基金是欺诈》的举报信，2006年SEC组织调查，结果不了了之。麦道夫骗局延续18年，哈里举报就有9年，直到2008年12月，麦道夫东窗事发，这位英雄会计师才浮出水面。哈里就此事已写成书：《金融诈骗案惊奇：可惜无人倾听》。

其实，在1999年，一位名叫哈里·马克波洛斯的华尔街分析师就发现了麦道夫的把戏，并曾经写信向美国证券交易委员会举报麦道夫，却没有反馈。2005年，他又写了一封长达21页的举报信，直言麦道夫管理的基金是一个大骗局，但依旧石沉大海。直到麦道夫的骗局公诸于世，马克波洛斯才被人们视为嫉恶如仇的英雄。

如此简单的庞氏骗局，麦道夫却骗了这么多聪明人，为什么呢？富人圈的虚荣和稳健成长的神话，让人们忘记了投资的基本常识——投资市场，风险无处不在。就像一句老话所说的，世上没有免费的午餐。

## 大师的话

常识是人类的守护神。

——歌德

# NO.20 股神的午餐

一顿慈善午餐，

拍卖价超过200万美元，

餐桌上被提及的两家公司，

股价一路飞涨，

市场的追捧让股神的魔力无处不在。

GUSHIERSHI:GUSHENDEWUCAN

◆ 史密斯与沃伦斯基牛排馆

在美国纽约,华尔街的金融业巨头和时尚界白领们通常喜欢在著名的牛排馆享用午餐，那些在西装革履及高价菜单衬托下的餐厅，被称为华尔街的“权力之屋”。其中，“史密斯与沃伦斯基”牛排馆是最著名的一家。

“史密斯与沃伦斯基”牛排馆是美国的连锁餐厅，第一家店于1977年开张，坐落在曼哈顿49街和第三大道交界处。其在芝加哥、拉斯维加斯、宾夕法尼亚、迈阿密海滩等地都发展了连锁店，还获得很多国家级奖项，包括“北美杰出餐馆奖”。

“史密斯与沃伦斯基”牛排馆在曼哈顿开张后，迅速成为华尔街精英钟爱的午餐场所，动辄数亿美元的并购或投资决定，往往就在这里一顿饭的功夫达成。食客们谈笑间的话题有时甚至对世界的金融规则也有影响，由此美国人将这里视为权力和地位的象征。

纽约曼哈顿有很多牛排馆，商界精英人士经常在这里聚餐，可能就在某一顿饭后，一只股票的价格会暴涨或暴跌，也可能某家公司被收购或兼并。人们把这些牛排馆称为“权力之屋”。其中最著名的一家叫史密斯·沃伦斯凯。2009年6月24日，就在这家牛排馆门前，记者云集。他们在等待一场“神的午餐”。

这个“神”就是“股神”巴菲特，被誉为“史上最伟大的投资家”。“神的午餐”是一项慈善活动，拍卖所得，将用于帮助穷人和无家可归者。

巴菲特午餐是指某人和股神巴菲特在纽约知名的牛排馆共进午餐的活动。巴菲特的妻子苏珊1980年开始在旧金山贝格莱德慈善基金会做义工，直到20年后，基金会的负责人才知道，她的丈夫就是股神。2000年，在妻子苏珊引见格莱德基金会负责人Cecil Williams神父后，巴菲特开始拍卖与其共进午餐的机会，并将拍卖款捐出。每年的巴菲特午餐拍卖所得将捐给旧金山慈善机构葛莱德基金会，用于帮助旧金山海湾地区的贫困和无家可归的人，为低收入人提供衣服、住所，并开设医疗诊所和青年职业培训班,帮助一些有困难的人掌握一技之长。

◆ 年年高涨的巴菲特午餐竞价

巴菲特午餐会每年举行一次。竞标午餐在ebay网上进行，起拍价是2.5万美元，拍卖周期为6月21日至26日，中标者可带7位同伴与巴

菲特在纽约知名的牛排馆共进午餐。这些人可以询问除了个股以外的任何问题。

想要和股神巴菲特一起午餐，所有参与竞标者必须取得投标资格：首先要有一个ebay帐户；其次拥有与ebay相绑定的信用卡；提供与ebay绑定的邮件地址；提供与信用卡相符合的账单；提供其他个人资料。最后经审核通过在线填写的这些资料后，方可参与竞标午餐。

2000年起每年拍卖一次，并从2003年起转为网上拍卖，2003年，绿光资本创始人戴维·爱因霍恩出价25.01万美元拍得；2004年，彩色宝石加工企业Gems TV首席执行官杰森·秋以20.21万美元拍得；2005年匿名中标拍卖成交价为35.11万美元；2006年，中国步步高集团董事长段永平出价62.01万美元拍得；2007年，美国对冲基金经理Mohnish Pabrai和同伴Guy Spier一起以65.01万美元的价格中标；2008年，赵丹阳以211.01万美元拍得；2009年，一家加拿大财富管理公司CEO康特妮·沃尔夫以168.03万美元中标；2010年，匿名买家在以234.5678万美元成功“竞标”后，竟主动加价至262.6411万美元；2012年6月9日，最新巴菲特午餐价为345.6789万美元。

每年6月，通过5天的网上竞拍，出价最高者将与“股神”巴菲特共进午餐。

“神的午餐”从2001年开始举办，首次竞拍的成交价仅1.8万美元，此后，逐年上涨，2012年，“神的午餐”价值346万美元，12年间上涨了190多倍。

◆ 沃伦·爱德华·巴菲特

1930年8月30日出生在美国内布拉斯加州的奥马哈市。美国投资家、企业家、及慈善家，一般人称他为股神。财经媒体尊称他为“奥马哈的先知”（The Oracle of Omaha）或“奥马哈的圣人”（The Sage of Omaha）。他通过睿智地投资，汇聚了非常庞大的财富，尤其是透过他在伯克希尔·哈撒韦公司的持股。巴菲特是该公司的最大股东，并担任主席及首席执行官的职务。根据《福布斯》杂志公布的2010年度全球富豪榜，他的净资产价值为470亿美元，仅次于卡洛斯·斯利姆·埃卢和比尔·盖茨为全球第三。2006年6月，巴菲特承诺将其资产捐献给慈善机构，其中85%将交由盖茨夫妇基金会来运作。

2009年这顿午餐为什么会引来这么多记者呢？原因之一是因为当时美国正处于次贷危机的漩涡之中，人们都想听听股神巴菲特的观点；另一个原因是，这顿午餐的价格达到了创纪录的211万美元，是上一次竞拍价的三倍。而出价者，是一位来自中国的私募基金经理，赵丹阳。

赵丹阳，被称为中国的私募基金教父。2008年年初，赵丹阳将他管理的五只信托基金全部清盘，在清算公告中，赵丹阳说“H股和A股都已超过我们所能理解的范围，今天，就我们的投资能力而言，已经找不到既符合我们投资标准又有足够安全边际的投资标的了。”后来中国和香港股市的暴跌让他当初的决策传为佳话。

◆ 巴菲特与赵丹阳

在赵丹阳淡出股市期间，他决定向巴菲特求教。2008年6月29日，赵丹阳以211万美元的代价获得了与巴菲特共进午餐的机会。然而随后赵丹阳分期重仓买入物美商业的股票，到2009年6月之前，赵丹阳个人及其管理的基金合计持有物美商业的股份超过13%，并产生了数千万港币的浮亏，此时，与巴菲特共进午餐就别有一番意义了。

午餐的菜式非常简单，但两人对话的内容却非常丰富，从慈善到教育，从宏观经济到投资理念，涉及方方面面。

午餐过后，赵丹阳对围观的记者们说："巴菲特用他一生的经验引导我，现在，我知道在哪些事情上我可以出重手了"。

然而，记者们重点报道的却不是这些，而是他们在席间提到的两只香港股票，一个是赵丹阳重仓的物美商业，另一个是巴菲特参股的比亚迪。

市场闻风而动，物美商业的股价连涨四天，涨幅高达24%。比亚迪的股价更是疯狂，短短3个月内翻了一倍。股价最高时达到88元港币以上，而巴菲特的参股价只有8块多港币。

"神的午餐"触发了股价飞涨，此后，市场上关于操纵股价的传闻不断。不知是否与此相关，巴菲特从此增加了一条新的午餐规则——"禁止谈论个股"。

比亚迪公司的股价，带着股神的光环一路飙升。但公司的业绩却没有因为股神的投资而发生奇迹。当比亚迪的业绩报告持续低于投资者预期的时候，股神光环褪色，股票价格暴跌，最高跌幅接近90%。

不仅是比亚迪，任何一只股票只要巴菲特的名字沾边，都会在市场中形成非理性的波动，这就是股市中的"巴菲特效应"。其实，股市中并没有法力无边的神，但是对神的崇拜却永远存在，投资人的群体冲动，往往会让股票价格形成非理性的涨跌。

◆ 巴菲特效应

在金融投资领域，巴菲特是全球金融市场的风向标，他的投资方向往往成为资金追逐的目标。出于对巴菲特的崇拜和信任，市场在巴菲特入股消息传出之后都出现了一定幅度的上涨。受“巴菲特效应”的影响，在巴菲特入股的消息传出后，市场跟风还会出现“巴菲特概念股”。

一顿午餐的价值是有限的，但午餐传递的信息却会在市场中流动，并且被逐级放大。流动的信息和投资人的情绪相互作用，从而成为驱动股价涨跌的力量。此时，股价波动所反映的，不再是公司的业绩和价值，而是投资者的情绪。

## 大师的话

不用盲目崇拜任何权威，因为你总能找到相反的权威。

——罗素

# 名家谈资本

M I N G J I A T A N Z I B E N

# 毋以善恶论资本

北京师范大学金融研究中心　钟伟

20世纪80年代初，在电影院放映电影前，突然出现了“恭喜发财”的祝福幻灯，台下不少观众十分惊讶。因为在那个年代，财富，以及追求财富本身，都成为禁忌。今天看来十分寻常的事情，竟曾经那么异乎寻常。

如今中国已成为全球第一贸易大国，第二经济大国，如无大意外，大约到2020年，中国将成为全球第一大经济体，并且人均GDP超过一万美元，这令人鼓舞，但这不意味着资本、资本家和资本主义这些词就变得寻常和容易接受。

什么是资本？狭义上理解“资”是财物，“本”是基础，那么资本也就是用财物作为基础的意思，或者说，资本是为创造更大资本带有杠杆作用而存在的财物。如果从经济学的角度来解释，资本实际上涵盖了资金、土地、技术、人力资源等，狭义来说，就是资金。资本是以生钱为目的而存在的钱。

资本有道德吗？资本是物不是人，因此当这样发问的时候，其实和我们在询问一块铁矿石是否有性别、感情，并且进而讨论铁矿石的道德水准和黄金比较孰高孰低一样荒唐。资本当然没有道德，资本不高尚不卑鄙，是完全中性的。因此指责资本无道德，也许是想表达对资本家是否拥有道德的质疑吧。

这种质疑充分地体现在马克思主义经济学中，马克思将资本形容为——来到世间，从头到脚，每个毛孔都滴着血和肮脏的东西。并认为如果有百分之百的利润，资本家就敢于跳下悬崖。考虑到当时曼彻斯特工业化初期的悲惨状况，对资本的谴责顺理成章。

资本家是必须批判的吗？与一国公民的平均道德水准相比较，资本家的道德水准特别低下吗？资本家可能具有高尚的、中等的或者较为低下的道德，但是其他公民要求企业家必须做到的底线是守法。亚当·斯密曾经说，“每个人在追求他自私自利的目标时，他好像被一只看不见的手引导着去实现公共的最好的福利”，因此一个守法的企业家即便道德水准不高，由于他创造了就业、交纳了税收，提供了商品和服务，我们仍然应该感谢他而不是谴责他。也许行善不是资本家的本性，但如果他遵守了守法这条底线，一个吝啬卑微的资本家给社会带来的好处，仍然远远大于一个慷慨高尚的流浪汉。

资本主义又是什么？尽管马克思对资本和资本家采取批评态度，但他并未低估资本主义的力量，甚至认为资本主义给人类社会创造的财富，超出了此前人类创造财富的总和。如果我们不避讳，那么资本主义，实际上是资本在社会政治经济运行中，发挥决定性力量的因素。从英国的宪章革命，到血腥动荡的法国大革命，其本质都是资本对权力的赎买，都是效仿了公司治理结构，创造出立法、司法和行政制衡的国家治理结构。

从资本到资本家，再到资本主义，其中不断衍生的力量何在？也许在于制度的创造、完善和扩展。相互割裂的不合作的资本，在展开竞争时总是无序和自私的，这往往带来财富的毁灭而不是创造，资本主义早期，这种资本泡沫不断上演，经过几个世纪，资本主义的制度才逐步创立，这种制度既包括正式的、公开的法律法规，也包括道德和行业自律等非正式的制度安排。

《资本的故事》平静地审视了资本、资本家和资本主义，尤其勾勒了资本所遵循的制度的演化，让我们能看到资本的力量，看到资本既令人欣赏又令人畏惧。毋以善恶论资本，对资本是善是恶的评判和救赎，还是交给宗教吧。

# 资本内生的矛盾性机制

中国社科院金融研究所　王国刚

“资本”，一个有着巨大魅力可又说不清道不明的概念，几百年来对它褒贬之评说汗牛充栋，人们对它既爱又恨。何谓资本？经济学和金融学从不同角度给予了多种界定，但又似乎并未解释透彻甚至可说并未到位。在中国人的记忆中，一段马克思在《资本论》脚注中引用的话，长期被误读为马克思的经典表述。这段话的全文是：“资本逃避动乱和纷争，它的本性是胆怯的。这是真的，但还不是全部真理。资本害怕没有利润或利润太少，就像自然界害怕真空一样。一旦有适当的利润，资本就胆大起来。如果有10%的利润，它就保证到处被使用；有20%的利润，它就活跃起来；有50%的利润，它就铤而走险；为了100%的利润，它就敢践踏一切人间法律；有300%的利润，它就敢犯任何罪行，甚至冒绞首的危险。如果动乱和纷争能带来利润，它就会鼓励动乱和纷争。走私和贩卖奴隶就是证明。”[马克思《资本论》第一卷，第829页脚注，人民出版社1975年版。] 这是对资本本性的最初表述之一，揭示了资本内生的两面性矛盾特征。

资本是人类社会发展到一定阶段的产物。它激活了人们追逐利益的巨大内在冲动，通过积极努力、开拓创新发挥出空前的潜能，同时，也带来了众多负面效应乃至罪恶的发生。商品生产、商品交换已有几千年的历史，但商品经济、货币经济乃至资本经济却是近代之事。在第一次产业革命时期，资本激发了人们的创造力和创新冲动，推动了生产力的极大发展，以至于在不到100年的时间内所创造的生产力超过了以往一切历史时期的总和；它主张资本平等，打破了几千年封建等级关系，确立了以资本权益为基础的平等，这同时又将金钱关系嵌入道德领域，撕掉了温情脉脉的面纱。从商品拜物教、货币拜物教到资本拜物教，资本似乎统治了一切。200多年来，劳动、土地、科技、管理、信息乃至一切生产要素和金融资源的配置围绕资本需求而展开，依资本标准来界定效率。与经济、科技和社会以空前的速度发展相伴的是，每隔几年就爆发一次经济危机，使经济社会付出了生产力损失的惨重代价。令人记忆犹新的是，2008年美国金融危机给全球造成的灾难性冲击。

通过商品输出、资金流动，资本推动了经济的国际化发展，为了打开他国国门又频繁发动侵略他国的战争、掠夺殖民地资源、奴役他国公民甚至贩卖奴隶，以至有了“资本来到世间，从头到脚，每个毛孔都滴着血和肮脏的东西”警示名言。当今世界依然是资本的世界。资本的国际流动推进了资源在各国和地区的有效配置，加速了国际贸易的高速发展和高新技术的普及，但国际经济的平等关系依然建立在资本基础之上。一国的资本数量及其能量决定了它在国际事务中的地位和实力，资本霸权扩展为国际霸权。国际竞争说到底是资本的竞争，其间包含着新条件下的剥削、奴役和掠夺。

资本是微观主体的运行机制。它界定了企业必须以追求利润最大化为经营运作的首要目标和行为准则，不论从事何种具体业务活动，企业目的都在于资本增值；明确了资本债务关系，将无限责任制度推演为有限责任制度，以此为基础，形成了有限责任公司、股份有限公司等各种公司组织制度；建立了以资产负债表为基础、利润表和现金流量表等相辅佐的公司财务制度，为企业的会计核算、各项管理和金融活动奠立了财务硬约束机制；形成了公司治理结构，确立了以资本数量为原则的投票机制，理顺了公司内部的各种管理和决策关系，规范了公司内部的运行机制。但企业经营运作毕竟以人为基础，是人的智慧才干的发挥过程，资本对企业的统治并不情愿承认人力资本的能力和效能，各种机制也以资本对人的奴役为前提，由此，由人创造的资本关系成为了统治人的关系，异化现象的发生比比皆是。同时，资本追求的企业内部高效率以外部不经济为代价，引致了各种污染和自然条件的毁灭性破坏，使得经济要求与社会要求之间的矛盾不断加深。

资本是市场经济的核心机制。企业注册资本机制确立，切实保障了商业信用的发展；从商业信用、银行信用再到金融信用，有限责任机制和破产机制维护着市场经济中的各种交易活动和债务活动，使得企业经营规模突破了资本数量的限制，构建了一张庞大的经济社会网络。在商务活动中诚信固然重要，但更重要的是守信。守信有着一系列机制，一旦难以履行偿还债务的义务，破产也就成为最终结果。破产实质上是资本的破产，其间落实着物质的问题只能用物质力量解决的机理。在追求效率中，资本深化了分工、专业化和协作，推进着生产社会化程度的不断提高。市场竞争实质上是资本的竞争，大鱼吃小鱼不过是大资本吞食小资本的写照，但借助于创新和高新技术，也可发生小鱼吃大鱼的现象。资本的集中推进了大型产业的发展，借助于股份机制，不仅使得铁路建设成为可能，而且奠立了第二次产业革命的资本基础。在产业部门内部展开着商品竞争，追逐着生产率的提高和规模经济，借助商品价格趋于下降和商品质量的提高，落实了优胜劣汰的规则；在产业之间发生着资本竞争，资本在产业间的转移推进着资源的有效配置和产业结构的调整优化。一切经济活动最终以满足消费需求为目的。资本在追求利润最大化过程中，迎合着消费者通过价格机制表现出的需求约束，不断开发新技术新产品，既提供了品种繁多的商品，又在开拓中持续细化市场，形成了多层次多元化的市场体系，将触角伸到了经济社会的每个角落。在这个过程中，每当有可乘之机，资本就通过尔虞我诈、弄虚作假、以次充好、恶意欺骗等伎俩侵害消费者的权益（乃至生命）来获取暴利；每当有利可图，投资在多方追捧之下快速膨胀为投机，泡沫经济成为相伴生的产物。有着生产能力近乎无限的扩展与广大居民有限的消费能力之间的矛盾相伴生，成为资本经济的一个主要矛盾。

资本是金融体系的基石。从存款、贷款、债券、股票等原生金融产品到名目繁杂的各种金融衍生产品，设计、销售、投资、交易和结算，追求各自的资本收益成为投资者、经营者和各种中介机构的基本目标。各种金融创新说到底是金融产品的创新，金融服务质量的提高也以金融产品的不断创新为载体。多层次金融市场体系满足了不同层次资金供给者和资金需求者的以资本内在要求为基础的资金对接，实现了金融体系与实体经济部门的有机关联，给企业的资本运作提供了可参照的机会成本，同时给股权投资、信托运作、融资租赁、资产重组、公司并购、项目融资等提供可选择的各种金融机制。金融体系的各种机制的发挥，给投资者开辟了投资收益的来源，促进了财产性收入的增加。一切经济活动均有风险，金融体系为实体经济的运作和发展提供了一系列识别、评估、组合和管理风险的机制。防范和化解风险的目的在于，提高运作效率、避免损失，实现资本增值最大化的要求。金融机构的运作也有风险，过度扩张将给经济社会带来严重隐患，由此，资本充足率管理、净资本管理等成为约束金融机构内在冲动的重要机制。在历史上，金融机构在逐利性驱动下所展开的业务活动曾经引致了金融危机，给经济社会带来灾难性后果。在国际间，运用金融机制，袭击他国金融市场的实例已非个别，1997年国际资本的冲击引致了东南亚金融危机。21世纪以后，美国等西方国家的金融机构脱离实体经济发展的要求，扩张性地推进了为金融机构自身服务的金融产品发展，引致了金融泡沫的吹大和破灭。

现代资本关系是在法治条件下的资本。资本正面效应受到法律制度的保护，负面效应受到法律制度的约束。历史上曾带来严重后果乃至灾难性效应的资本行为已在法律禁止之列，但新的实践还在展开，为此，需要进一步完善对资本关系的监管机制，不仅在一国内形成完善的管好用好资本关系制度，而且在国际乃至全球范围内也需要在合作协调的条件下达成对资本机制的共识，以维护经济全球化的共同秩序。

资本的故事既是历史也是现实。在人类发展中，它还将继续演化。以史为镜，看看资本故事，想想当今实践，温故知新，是很有教益的。

# 资本的故事：一个讲述者的感悟

独立经济学家　金岩石

作为中央电视台财经频道推出的微纪录片《资本的故事》第一季的讲述者，我感悟最深的是三个主题：一是风险财富；二是金融立国；三是财富人生。在讲述中，历史娓娓道来，鲜活的人物，国家的盛衰，还有今天人们习以为常的市场规则，都在这些偶然的事件与冲突中演绎了资本市场的力量。

挑战风险是人类社会主动追逐财富的开端，所以风险财富是致富之源。从第一集《股份公司的力量》开始，荷兰人在香料贸易的暴利驱动下创造了股份公司，集合资金，分担风险，共享收益，打开了欧亚远洋贸易之门，从而让人类社会走进了海洋文明的时代。长期以来，人们笃信劳动致富，不断重复着英国古典政治经济学家威廉·配第的名言："土地是财富之母，劳动是财富之父"，这其实只是传统社会的财富观。《资本的故事》告诉我们：人类追逐财富的源动力是富贵险中求，风险财富不仅有主动性，而且具有无限性。劳动财富是人们在谋生时创造的有限财富，因为人的体能有限，土地也是有限的，财富创造的无限空间是人的欲望空间。致富的欲望驱使人们不断挑战风险，探索未知的世界，从而让财富的增长突破了财富的有限性，带来了社会财富的爆发性增长。

股份公司和远洋贸易是当年荷兰的立国之本，工业革命和殖民地是大不列颠的立国之本，如果没有《南海骗局》，股票市场应该会在英国崛起，从这个意义上说，是英国人的狭隘和愚蠢造就了美国的华尔街。在讲述中，给我印象最深的一个人是“华尔街之父”——美国首任财政部长汉米尔顿。就像中国古代故事中的杯酒释兵权一样，汉米尔顿的“旋转门”计划“杯酒释财权”，一举实现了财政统一，货币统一，并将国家信用通过债券市场直接转化为创造财富的工具。长期以来，人们一直把罗斯福的新政和凯恩斯经济学视为宏观调控政策的起点，而《资本的故事》告诉我们，现代政府的宏观调控政策体系始于汉米尔顿的《公共信用计划》，美国梦的成功在于金融立国！美国经济的历史证明：人类社会最大的无形资产是信用资产，资本市场通过投资人的自由选择，把风险财富，信用资产和科技进步不断转化为国民财富，所以美国政府的基本国策是金融立国。一个国家若像当年英国政府那样践踏资本市场，资本市场就会离她而去，反之，一国政府若能以金融为立国之本，资本市场就会为其打开财富增长的无限空间。

资本的本性是贪婪与自私，所以马克思在《资本论》中写道：“资本来到世间，从头到脚，每个毛孔都滴着血和肮脏东西。”当资本以剥削者的身份出现之时，资本必然会面对被剥削者的道德谴责。但是在资本市场上，资本遭遇资本，就像算数公式中的负负得正一样，资本与资本的关系转化为投资人之间的博弈，资本的逐利本性升级为铤而走险，挑战世俗的权威。在《英镑狙击战》一集，金融大鳄索罗斯一度成为外汇市场上狙击英镑的领头羊，让不可一世的英格兰银行低头认输，并由此证明了金融市场的公正："在这里，没有道德，只有规则！"市场经济的最高层次是金融市场，而金融市场是投资人之间的博弈。博弈就是游戏，和任何其他游戏一样，公开透明的游戏规则是公平公正的唯一标准。资本的肮脏源于资本家的贪婪和自私，投资人主导的资本市场源于风险分担和收益分享。肮脏的资本一旦进入资本市场，就像被投入洗衣机的脏衣服一样，会在竞争的水流中洗涤净化，自发地通过公平交易的规则，化风险为财富，变贪婪为共享，资本的肮脏在资本市场中被净化为创新的温床。

伴随着资本市场的发展和成熟，社会财富的传承机制发生了根本性的变化。每一代富人中都有三分之二以上曾经是白手起家的穷人，每一代人的财富中都有三分之二以上直接或间接地来源于投资。人生如游戏，财富即人生。《资本的故事》中几乎每一集都是一幕财富人生的悲喜剧，演绎着人性的冲突和财富的传奇。人们都在追求完美，而资本市场的历史却坦诚地告诉人们：不完美才是人生！

## 《资本的故事》编委会

## 《资本的故事》系列微纪录片主创名单

总 策 划：李　勇

制 片 人：吴小杰

总 导 演：刘志军

总 顾 问：刘鸿儒

学术顾问：朱　利　王国刚　金岩石　钟　伟　施光耀

策　　划：吴小杰　邱锡伟　马嘉霖

撰　　稿：岳敬博　李　可　梁会军

导　　演：张　彬　许建骥　卢　宏

统　　筹：赵　芳　饶　迪

剪　　辑：严　冰　彭立飞　周子阳　徐　淼

资　　料：曾于峰　敖　莎

制片主任：张　彬　何宝刚

监　　制：李　勇　许冬瑾

总 监 制：郭振玺　马兴田

承　　制：北京都城宏胜文化发展有限公司

图书在版编目（C I P）数据

资本的故事. 第1季 / 吴小杰编著. -- 北京：经济日报出版社, 2013.4（2014.1重印）
ISBN 978-7-80257-514-1

Ⅰ. ①资… Ⅱ. ①吴… Ⅲ. ①资本－基本知识 Ⅳ. ①F014.39

中国版本图书馆CIP数据核字(2013)第074286号

# 资本的故事

| | |
|---|---|
| 作　　者 | 吴小杰　刘志军 |
| 责任编辑 | 李清云　唐　钰 |
| 责任校对 | 韩会凡 |
| 出版发行 | 经济日报出版社 |
| 社　　址 | 北京市宣武区右安门内大街65号 |
| 邮政编码 | 100054 |
| 电　　话 | 编辑部 63567679　发行部 63516959 |
| 网　　址 | www.edpbook.com.cn |
| E-mail | jjrb58@sina.com |
| 经　　销 | 全国新华书店 |
| 印　　刷 | 中国电影出版社印刷厂 |
| 开　　本 | 787*1092 mm　16开 |
| 印　　张 | 16.5 |
| 字　　数 | 100千字 |
| 版　　次 | 2013年5月第一版 |
| 印　　次 | 2014年1月第二次印刷 |
| 书　　号 | ISBN 978-7-80257-514-1 |
| 定　　价 | 45.00元 |